Círculo Rojo

La esperanza nunca sube en ascensor

# LA ESPERANZA NUNCA SUBE EN ASCENSOR

## TEATRO

Simona Mihuțiu

Círculo Rojo
EDITORIAL

Primera edición: abril 2024

Depósito legal: AL 885-2024

ISBN: 978-84-1073-185-1
Impresión y encuadernación: Editorial Círculo Rojo

© Del texto: Simona Mihuțiu
© Traducción: Ovidiu Constantin Cornilă
© Maquetación y diseño: Equipo de Editorial Círculo Rojo
© Ilustración de portada: Iris Rîpă


Editorial Círculo Rojo
www.editorialcirculorojo.com
info@editorialcirculorojo.com

Impreso en España - Printed in Spain

# ESPERANDO LA ESPERANZA

Las preguntas sobre el destino de la dramaturgia rumana vienen de lejos, y a menudo vuelven con fuerza, como signos de una crisis en busca de soluciones.

Sin embargo, la ecuación autor-escenario-público entra en juego y cada uno de los tres elementos pasa a primer plano.

El público de teatro también está experimentando profundos cambios a medida que las sucesivas generaciones modifican sus horizontes de recepción, sus necesidades culturales.

Aun así, el teatro rumano siempre ha tenido un público fiel, por muchas oscilaciones de interés que haya habido.

Tal vez hayan desempeñado un papel importante, decisivo los teatros que han sabido adaptarse, sin grandes compromisos, sin bajar el listón. Atraer público a los teatros ha supuesto cambiar de estrategias y de arsenal. Sobre todo porque la oferta cultural se ha diversificado y las tentaciones de la zona de la periferia de la cultura han recibido los recursos más agresivos.

Los actores también han pasado por las pruebas de los cambios en la vida de los teatros; algunos han sido afectados por el tiempo, y sus *sustitutos* no han logrado éxitos que les impusieran en la conciencia pública, permaneciendo muchos en la masa de actores del montón, sin importancia.

Del arsenal teatral, la categoría carente de oportunidades para el éxito, los directores, quedó en deuda con el teatro rumano.

El repertorio de los teatros, en una rápida mirada exhaustiva, es muy colorido, a menudo con tonos chillones.

Las políticas de promoción han seguido dependiendo de una financiación insuficiente o de la incapacidad de unos empresarios ocasionales, más que vocacionales.

Por último, pero no por ello menos importante, el destino del dramaturgo rumano sigue siendo insatisfactorio, en relación con lo que implica la condición del dramaturgo.

Los jóvenes dramaturgos desde hace mucho ya no son *jóvenes* y los que vienen detrás, discretamente, parecen seducidos por el experimento más que por la fecha de caducidad de su impulso creativo.

Creo que en lugar de *los jóvenes dramaturgos* es más apropiado el sintagma *los nuevos dramaturgos*, ya que la relación con la edad biológica es más bien irrelevante.

Quienes prueban suerte en este género suelen haber realizado el ejercicio literario, siendo el drama la guinda del pastel creativo.

Este es también el caso de la autora de la obra *La esperanza nunca sube en ascensor*, que ha publicado libros de poesía y prosa, y ha alcanzado una edad de la plena madurez. Ello confiere también a la autora cierta autoridad a la hora de abordar una zona caliente de la realidad: la actualidad. Es la razón por la cual la obra de Simona Mihuţiu es de gran actualidad y universalidad.

La obra trata sobre la condición de los de la tercera edad, llamados sobre todo *mayores* (una forma hipócrita de evadir la realidad, la vejez), cuyo cuidado es una responsabilidad asumida de mil maneras, a menudo pasadas como en el tenis de mesa, tanto institucionalmente como en la familia, hasta que se recurre al extremo de pasar a los últimos logros de la inteligencia artificial.

Verdadero manifiesto, la obra devuelve lo humanitario a sus auténticos territorios, una vez domada y humanizada la *arpía* de la tecnología.

Aunque está empezando como dramaturga (tras la obra *La suerte del contenedor*), Simona Mihuţiu está muy segura de sus instrumentos (como lo está, profesionalmente, como oncóloga), y su construcción es muy sólida, bien articulada, con ritmo y nervio, con emoción bien dosificada, con personajes creíbles, tanto Mia como Vetuṭa, pero también las dos criaturas robóticas, Rob Max y Rob Kai.

Asimismo, si hemos de ver las cosas también desde la perspectiva de la representación teatral, *De dónde llega la esperanza* no plantea grandes problemas ni de dirección ni de escenografía.

Y el público parece invitado a un debate abierto sobre problemas que aquejan a la humanidad, en todos los aspectos, yendo más allá las cuestiones locales, reclamándose soluciones y actitudes firmes para la preservación de la esencia de la humanidad.

Auguro un exitoso destino para este debut en la dramaturgia, quedando *a la espera de la esperanza*, avalada por el indiscutible talento de la autora, por su deseo de hacer del diálogo un arte de vivir y de recuperar nuestro pasado perdido o desviado de sus valores fundamentales.

Nicolae Băciuṭ

# SIMONA MIHUȚIU, DRAMATURGA

«He visto mi sueño cumplido, ¡ahora puedo morir feliz!». :)

¡Simona Mihuțiu es también dramaturga!

*Instigada* por mí, después de haber admirado sus cualidades como novelista, no se lo pensó demasiado —sobre todo porque una de ellas era justo demostrar su talento en el género dramático— y ya se presentó con su primera obra de teatro. Firmeza, tenacidad, trabajo duro…, ¡además de talento! Este es el as en la manga con el que nuestra autora adorna su panoplia.

Su debut en el género dramático, tras haber pasado también por el épico y el lírico, lo hace con una obra en 3 actos, en la que hay dos temas de gran actualidad: 1) el tema de la soledad de las personas hacia el ocaso de su existencia terrenal; 2) el tema del *reset* global, mediante la sustitución del hombre por la inteligencia artificial (IA).

El drama de la profesora casi octogenaria —pensionista y viuda— de pasar el ocaso de su vida, con la inextinguible añoranza de su único hijo, que se ha ido a Australia sin dar señales de vida, se duplica por la preocupación, llevada al miedo, de no tener a nadie que la cuide, después de que varias cuidadoras la hayan abandonado. Sin poder moverse, sin ayuda, y también con un comportamiento lleno de caprichos hacia ellas, se ve obligada a aceptar la oferta forzosa de una empresa privada de cuidados sociales prestados por robots. Una oferta que se materializó enviándose a la casa de la señora dos robots cuidadores que, sin saber lo que es el género, eran, sin embargo, un él y una ella. El encuentro de los tres da lugar a diálogos chispeantes, pero muy jugosos, entre una mente que no ha perdido nada de la riqueza del largo ejercicio intelectual, a pesar de los sufrimientos físicos inherentes a la edad, y unos clichés artificiales, estereotipados de expresión verbal de dos portadores de inteligencia artificial (IA). Inteligencia que produce, al principio, todo tipo de silogismos aberrantes o interpretaciones graciosas de expresiones literales, como fue «¡Déjalo ya!», con el resultado de que los dos robots derramaron dos cubos de agua por el suelo.

El horario diario impuesto a la paciente, con su severidad militar —en la que la escena de la alimentación forzada recuerda a una escena similar de la película *Modern Times*, protagonizada por el genial Charlie Chaplin—, también activa la maquinaria de los robots cuando aparecen las palabras *felicidad* y *amor*, pero sobre todo después de ver una famosa película de amor. Comienza entonces un proceso *in crescendo* de humanización de la pareja de robots, aprendiendo estados y sentimientos que no habían experimentado antes: la duda, la ansiedad, el miedo a que los del Centro Robohelp los sustituya por otros de una generación más reciente o el temor a que los robots sean sustituidos por humanos y, por tanto, ¡¡¡ellos serán desechados!!! Pero también el sentimiento de amor, ¡materializado en un abrazo y un beso!

Y en un gesto de empatía, prestado de la panoplia del alma humana, simularon a la profesora una llamada telefónica iniciada por su hijo, en la que este le decía a su madre cuánto la echaba de menos y que volvería pronto a casa, a verla.

«Mia, ¡ni siquiera te das cuenta de lo feliz que puedo llegar a ser! ¡Dejadme un poco tranquila, dejadme saborear esta felicidad!», les dijo la señora, y la sonrisa feliz de su rostro la acompañó al pasar al mundo del más allá mientras la pequeña cruz que sostenía en la mano cuando rezaba se le cayó al suelo… Los dos robots animados, ya considerados defectuosos por sus supervisores del centro, sintieron entonces el miedo humano a quedar fuera de combate y, en su desesperación, solo encontraron la solución de rezar al Señor, sosteniendo el crucifijo en la mano, como habían visto en su paciente. Y en su oración pusieron toda su esperanza. ¡Y ahora sabían que la esperanza siempre viene de allí, de arriba! ¡La esperanza nunca sube en ascensor!

.........................................................

Simona Mihuţiu, ¡bienvenida al mundo del teatro, al escenario! El telón se abre ante ti y, de allí, de arriba, ¡el tío Iancu te sonríe!

No sé si esta obra, puesta en escena, te reportará un taquillazo, pero creo que todos los que acudan a la sala sentirán una sensación de elevación espiritual. ¡Yo te deseo mucho éxito!

¡Y este tampoco sube en ascensor!

\*\*\*

Diodor
11 de agosto de 2023

# PRÓLOGO DE LA AUTORA

El gran hombre de la cultura, el poeta Nicolae Băciuṭ, me decía que el teatro es, en su opinión, la forma más elevada de la expresión literaria de un escritor, lo que implica su madurez artística, «una guinda en el pastel de la creación».

Creo que todos los medios de expresión artística tienen su valor inestimable, pero la belleza del teatro reside en el hecho de que es un arte y, a su vez, da origen a otro arte, a través de la puesta en escena, la dirección y la interpretación. También es una forma elevada de comunicación, cuyo núcleo es el diálogo. Si el diálogo escrito por el autor se complementará al final con un diálogo interior del lector o del espectador, ese es el verdadero éxito de una obra de teatro.

La obra de teatro *La esperanza nunca sube en ascensor* pretende ser un manifiesto expresado en lenguaje artístico contra el vertiginoso desarrollo de la inteligencia artificial. Mis temores se han expresado a lo largo de los años en un trabajo médico-científico, en ensayos, en poesía, y ahora le toca al teatro recoger el testigo. No nos escaparemos a la interferencia de la inteligencia artificial en nuestras vidas, pero, como espero haber conseguido expresar en el mensaje de esta obra, sería importante para nosotros, como especie, detenerla en el límite en el que podría tomar decisiones por sí misma o en el que podría interferir con las emociones, los sentimientos, la fe. De lo contrario, jugar a ser Dios podría suponer un enorme coste para la humanidad, incluso su extinción.

Agradezco al Sr. *Diodor el ánimo que me dio para expresarme en el arte dramático, percibiendo cierta naturalidad del diálogo en mis novelas, y al Sr. Nicolae Băciuț, por la confianza que me dio, de publicar mi obra de teatro en la editorial Vatra Veche. Su entusiasmo al leer la obra es como un «viento de popa» para la obra *La esperanza nunca sube en ascensor*.

Simona Mihuțiu

# SOBRE SIMONA MIHUȚIU

SIMONA MIHUȚIU nació el 13.7.1966 en Codlea, provincia de Brasov. Pasó su infancia y adolescencia en Brasov. En 1984 obtuvo el bachillerato en Matemáticas-física en Andrei Șaguna, de Brașov, actual Liceo Andrei Șaguna. Dudando entre ser filóloga o médica, finalmente eligió la Facultad de Medicina y Farmacia de Cluj-Napoca, donde se licenció en 1990. Forma parte de la primera generación de médicos después de la Revolución rumana de 1989. Tras la interinidad, es asignada al dispensario de Vatra Moldoviței, junto con su marido. Se convierte en médico especialista en oncología y, posteriormente, en médico de atención primaria. Su itinerario profesional la lleva a Oradea, donde sigue trabajando como oncóloga y lectora en la Facultad de Medicina y Farmacia de Oradea.

La amplia experiencia acumulada a lo largo de los años la lleva a sentir la necesidad de expresarse artísticamente, debutando en la literatura en 2019 con la novela *Ventana hacia mañana*, editorial Total Publishing, Bucarest. El éxito de este libro, la convicción de que, a falta de otros escritos, esta novela permanecerá «como un niño abandonado», así como su redescubierta pasión por la escritura y la literatura, la impulsan a seguir escribiendo.

En 2020 se publica la novela *Destino, un juguete roto*, y en 2021, el volumen de relatos *Libres para (no) pensar*, que también contiene la mininovela *Íntimo*, todos en la misma editorial. Considerado por la crítica como un «soplo lírico» entre dos escritos en prosa, ese mismo año aparece el primer volumen de poemas de la autora, *Geometrías de alma* (editorial Total Publishing, Bucarest). En 2022 lanza su tercera novela, *Podría ser yo*, que obtiene el Premio Especial en el Concurso Internacional Libro del Año 2022, otorgado por la Sociedad Cultural Apollon, Academia Internacional de Literatura y Arte, 2023. El segundo volumen de poemas, *Los segundos perdidos de la poesía*, aparece en el otoño del mismo año (2022).

El 2022 es también el año en que comienza a colaborar con la revista *Vatra Veche*, dirigida por Nicolae Băciuţ, publicando artículos en cada número y siendo honrada con el nombramiento como directora de esta prestigiosa revista.

En 2023, aparecen simultáneamente dos libros de prosa breve, como dos facetas de la existencia: *Cuentos del Senior Help* (considerado por algunos críticos como una forma original de novela) y *Cuando las hazañas te encuentran*, ambos publicados por Total Publishing, Bucarest. Uno de los relatos incluidos en el volumen *Cuentos del Senior Help* (*Nostalgia*) fue galardonado con el premio Constantin Stan en el concurso nacional de relatos cortos Nicolae Velea (2021).

Ha publicado artículos, poemas, relatos, ensayos en numerosas antologías colectivas y revistas literarias. Asimismo, la actividad al día se puede seguir en su sitio web: www.simonamihutiu.ro.

Debutó en la dramaturgia con la obra de teatro *La esperanza nunca sube en ascensor*, publicada por la editorial Vatra Veche, de Târgu Mureș, siendo la segunda obra de la autora, en orden de la escritura, después de *La suerte del contenedor*.

# PERSONAJES

- Mia
- Vetuța
- Rob Max
- Rob Kai
- El hijo (voz, película)

# ESCENARIO

*La Sra.* MIA *se acerca a la octava década de la vida. Sus movimientos son limitados, no puede desplazarse sin ayuda. Vive modestamente, en un estudio. En su habitación están la cama en la que pasa la mayor parte del tiempo —prevista con la posibilidad de levantar la parte superior—, una mesilla de noche en la que siempre tiene la medicación, un vaso de agua y dos fotografías —una de su hijo y otra de su difunto marido—. Una mesita, tres sillones, una silla, una estantería y un mueble con un televisor y un reproductor de CD completan la decoración. La cocina es común, pequeña, con muebles viejos. El cuarto de baño está en un lateral. Se puede ver solo la puerta de entrada. En el lado opuesto, de frente, está la entrada al apartamento.*

# PRIMERA PARTE

## ESCENA 1
### (Mia, Vetuṭa)

*La señora* Mia *está en la cama;* Vetuṭa*, en la cocina, preparando la comida…*

Mia.—¡Ay, ay! ¡Vetuṭa! ¡Vetuṭa!

Vetuṭa.—¡Ya voy! Ahora le preparo la comida, señora Mia.

Mia.—¡He dicho que vengas ahora!

Vetuṭa.—Ahora mismo no puedo. Tengo que rehogar las espinacas; si no, se pegarán y ya no querrá comerlas.

Mia.—¡Ay, ay! ¡No puedo soportarlo más! ¿Por qué me has maldecido así, Dios? ¿Qué he hecho mal? Nunca he hecho daño a nadie, jamás. ¿Por qué me dejas yacer en la impotencia? ¡Será mejor que me lleves! ¡No puedo soportarlo más! ¡Ya no quiero vivir así!

Vetuṭa.—(*entra en la habitación*) ¿Cuál es el problema?

Mia.—¡El problema es que te sigo llamando y tú finges que no me oyes!

VETUȚA.—Si dejo la comida en el fuego y se pega, igual me regaña después.

MIA.—Ayúdame a darme la vuelta.

VETUȚA.—No hace mucho que le he dado la vuelta.

MIA.—¿No oyes que ya no soporto estar acostada del lado derecho? ¿No puedes entenderlo?

VETUȚA.—Sabe muy bien que el médico dijo que tiene que estar acostada de los dos lados y cambiar de postura a menudo para evitar las escaras.

MIA.—¡Exacto! ¡Cámbiame de posición!

VETUȚA.—Vale, vamos, despacito, a ponernos boca arriba.

MIA.—No puedo tumbarme boca arriba. ¿Cuántas veces tengo que decírtelo?

VETUȚA.—Levantaré un poco la cama, para que pueda sentarse más alto… Eso es… ¿Mejor?

MIA.—En realidad, no.

VETUȚA.—¿Pongo la tele o prefiere escuchar un CD?

MIA.—Pon un CD.

VETUȚA.—Espere, déjeme recordar cómo se enciende esto… ¡Ya veo! Le dejaré el CD que está dentro, ¿vale?

MIA.—¡Quiero que me pongas música italiana!

VETUȚA.—¡No tiene ningún CD de música italiana! Déjela hasta que termine de preparar la comida, ¿vale?

MIA.—Sí, lo tengo, pero te da pereza buscarlo. ¡Busca a Pavarotti!

VETUȚA.—¿Y este quién es?

MIA.—¡Qué incultura! ¡Dios me libre!

VETUȚA.—Pues yo digo que debería llamar a una profesora para que la cuide.

MIA.—Tal vez vendría. Ganaría mejor.

VETUȚA.—Debe saber que le pido un aumento, que no me resulta fácil levantarla, darle la vuelta, cambiarla y escuchar todos sus caprichos. Además, tengo tres hijitos en casa a los que alimentar.

MIA.—Acabo de darte un aumento hace un mes. ¡Eres una aprovechada!

VETUȚA.—¡Ja! Me lo dio porque Nuți y Luminița se fueron y tuve que quedarme yo más tiempo. Durante ese tiempo limpiaba el portal del bloque o cuidaba de mis hijos y de la casa. Por suerte encontré a Sabina. ¡Diga que no es así!

MIA.—Digo que no es así.

VETUȚA.—¡Al diablo, claro que no!

MIA.—¡No maldigas más en mi casa!

VETUȚA.—¡Pues me está volviendo loca! No sirve de nada haber sido profesora, no sabe comportarse. ¡Eh, le voy a dejar el CD que está en el aparato, porque yo no sé usar estas herramientas modernas! Ya está. Yo me voy a terminar la comida.

MIA (*tras la salida de* VETUȚA).—Cabrona…

VETUȚA (*desde la cocina*) ¿Ha dicho algo? (*para sí misma*) ¡Dios, qué zorra!

# ESCENA 2
## (Mia, Vetuṭa)

Mia.—¡Vetuṭa! ¡Vetuṭa!

Vetuṭa.—He venido. ¿Qué pasa?

Mia.—Ayúdame a levantarme, a sentarme en el sillón.

Vetuṭa.—Acaba de hacerme cambiarle la postura.

Mia.—Tú misma me hablaste del consejo del médico, de que debía cambiar de postura a menudo. ¡He dicho que me levantes! ¡Yo mando aquí! ¡Yo pago!

Vetuṭa.—¡Señora Mia, nos tortura demasiado! Tenemos nuestros límites. ¡Y tenemos alma!

Mia.—Un alma mezquina. Queréis cobrar, pero sin hacer nada. Sois unas vagas, todas. Esa perra de Nuṭi me daba la lata para que le diera el apartamento por cuidarme. No estaba satisfecha solo con el dinero. Tanṭa, por otro lado, solo me daba problemas. Una vez le llegó el marido de Italia, en otra ocasión necesitaba vacaciones, luego la operaron de la vesícula biliar y todo acabó de manera fulminante, quedando embarazada.

Vetuṭa.—Cada uno tiene su vida, señora Mia, y tiene que vivirla.

Mia.—¿Pero yo le importo a alguien? ¿Le importa que esté temblando de miedo de que me quede desatendida, que me dejen pudrirme como un perro?

Vetuṭa.—Nos importa, de todos modos, más que a su hijo en Australia, que ni siquiera se molesta en llamarla de vez en cuando.

Mia.—Él solo tiene la culpa de casarse mal.

VETUȚA.—Sí, sí, una víctima, ¿qué puedo decir? ¡Pobrecito! Venga, tómese las vitaminas antes de comer.

MIA.—¿Qué vitaminas?

VETUȚA.—Las que le recomendó la señora farmacéutica, su amiga.

MIA.—No las tomo. Tienen efectos secundarios. Lo pone en el prospecto.

VETUȚA.—La señora farmacéutica no se lo diría si los tuvieran… ¿Ahora tampoco se fía de la señora farmacéutica?

MIA.—¿Cómo va a saber ella lo que es bueno para mí y lo que no?

VETUȚA.—¿Pero usted lo sabe?

MIA.—Eres atrevida. Eh, ¡cierra la ventana! ¿Tú no sientes la corriente de aire?

VETUȚA.—No hay ninguna ventana abierta, señora Mia.

MIA.—¡Que sí, seguro que hay una abierta, lo noto yo!

VETUȚA.—No sé lo que siente, pero no hay nada abierto. No me deja ventilar para nada aquí. No es sano este aire viciado, pero vale, usted sabe todo…

MIA.—¡Ponme en el sillón, te lo he dicho!

VETUȚA *ayuda a* MIA *a levantarse de la cama y luego la sienta en el sillón.*

MIA.—¡Dame de una vez esas espinacas!

VETUȚA.—Ya se las traigo, ya se las traigo.

MIA.—Horrible. ¡No sabe a nada!

VETUŢA.—Claro que no, si no quiere que le eche leche y ajo. Pero, en fin, ¡son las mismas de siempre y hasta ahora no se ha quejado!

MIA —Vale. ¡Ponles un poco de leche!

VETUŢA.—No tiene leche. Dijo que le da diarrea y no quiere leche.

MIA.—Vete a comprar leche. Dame la cartera, por favor.

VETUŢA.—¡Tome!

MIA.—¡Me has robado dinero! Eres una ladrona.

VETUŢA.—¡Ya basta! ¡Se acabó! Yo ya no voy a venir aquí para que usted me ofenda.

MIA.—¡Y mi anillo de boda tampoco está! Estaba en mi cartera.

VETUŢA.—La alianza está en su cajita, en el cajón.

MIA.—No, no. Sé que aquí la puse la última vez y ahora no está.

VETUŢA.—Mire, aquí está, ¡maldita sea!

MIA.—¡Enséñamela!

VETUŢA.—Mire, ¿la ve?

MIA.—Vale, ¿por qué te enfadas tanto? ¿Qué sabes de la mujer del cura?

VETUŢA.—Ha vuelto a casa.

MIA.—¿En serio?

VETUŢA.—He oído que el hombre con el que se fue se quedó sin dinero, gastó también lo que a ella le quedaba, y este la mandó de vuelta a su casa.

MIA.—¿Y el cura ha vuelto a recibirla?

VETUŢA.—Bueno, ¿qué puede hacer? Tiene dos hijos pequeños que criar. ¡Tiene que perdonar!

MIA.—¡Yo no la habría perdonado si fuera él!

VETUȚA.—Usted no está en su lugar. Y si el cura tampoco perdona, ¿pues quién de nosotros, los humanos?

MIA.—¿Tú has hecho las paces con tu suegra?

# ESCENA 3
## (MIA, VETUȚA)

*Suena el teléfono.*

VETUȚA (*susurrando*).—Es Sabina.

MIA.—¡Pregúntale qué quiere!

VETUȚA.—¡Hola! Sí… ¿Cómo?, ¿ya no vienes? Pero yo no puedo cubrir tanto tu horario como el de Tanța. ¡Esto me supera! Habíamos quedado que todas trabajemos más hasta que encontremos a alguien. Es difícil encontrar una persona, ¡imagínate dos! Sabina, ¡no podemos dejar a la señora así!

MIA.—Dios mío, ¿qué voy a hacer? No quiero ir a una residencia. ¡No me dejes, Dios!

VETUȚA (*continúa la conversación telefónica*).—Sí, yo también he oído hablar de esta empresa. Me lo apunto, sí. Voy a ver si la señora Mia aceptará. Personalmente, yo no confío en algo así… Bueno, ¿qué puedo decir?

MIA.—¡Lo he oído! ¡No voy a una residencia, que lo sepas!

VETUȚA.—Señora Mia, no se encuentra plaza tan rápido, en un santiamén. Hay una lista de espera hasta que alguien se vaya.

MIA.—¿Qué te ha dicho Sabina?

VETUȚA.—Que ya no viene. Ha dicho que no sabía que tenía que levantar a la enferma, que, si lo hubiera sabido, no habría aceptado el trabajo.

MIA.—Pero ¿qué se creía ella?, ¿que aquí hay un programa de baile? Dios, ¿qué voy a hacer?

VETUŢA.—Sabina me ha hablado de una empresa, Robohelp, que ofrece cuidados a domicilio para personas mayores. Cuidados robóticos, señora Mia. Dicen que cubren todas las necesidades y requerimientos de los ancianos, con un alto nivel tecnológico. Llamaré.

MIA.—¡No! ¡No! ¡No!

VETUŢA.—Señora Mia, al menos hasta que encuentre otras dos mujeres o hasta que se consiga una plaza en la residencia de mayores.

MIA.—¡No! ¡No! ¡No!

VETUŢA.—Me temo que no hay nada que pueda hacer. Ya está. No puedo dejar a mi familia y quedarme aquí todo el tiempo con usted, ¿lo entiende?

MIA.—Pero tú seguirás viniendo, ¿no?

VETUŢA.—Vendría, señora Mia, porque necesito dinero, pero no puedo cubrir dos jornadas más. Es imposible.

MIA.—Tú haces un turno y los robots dos… Para que los controles, por lo menos…

VETUŢA.—Me temo, señora Mia, que nos controlen ellos a nosotros. Ni siquiera sé si aceptan a otras personas alrededor. Supuestamente es una cuestión de responsabilidad. De todas formas, yo llamo a la empresa, no puedo dejarla así. Le prometo que pasaré a ver cómo está. No tengo ni idea de cómo funcionan estos robots. Tendría curiosidad por verlo por mí misma. Dios, ¡las cosas que inventa el hombre!

MIA.—¡No! No. No los quiero. ¿Cómo puedo hablar con un robot?

VETUŢA.—Mírelo por el lado bueno. Puede gritarles, puede insultarlos todo lo que quiera, que no se enfadan, no tienen alma. No se cansan y no tienen hijos esperándolos en casa.

MIA.—Dices tonterías, ¿cómo van a cuidar de alguien, si no tienen alma?

VETUȚA.—Bueno, ¿pero las personas siempre la tienen?

MIA.—Pero no tienen conciencia. Entonces, ¿cómo pueden saber lo que está bien y lo que está mal?

VETUȚA.—Eh, hacen lo que les han enseñado a hacer. Deje de llorar, señora Mia, todo irá bien, ya lo verá. Me pasaré por aquí. También hablaré con el cura para que venga y se asegure de que todo va bien, ¿vale?

MIA.—Pero, por favor, sigue buscando unas mujeres, para que vengan a cuidarme. No soporto la idea de que me cuiden unos robots.

# ESCENA 4
## (Rob Kai, Rob Max, Vetuṭa, Mia)

*Suena el timbre,* Vetuṭa *abre. Aparecen* Rob Kai *y* Rob Max. *Su aspecto exterior, sus movimientos estereotipados y rígidos, su tono plano y sus frases a veces fragmentadas sugieren claramente que se trata de dos robots humanoides. En la parte delantera, en el pecho, tienen una pantalla que de vez en cuando se ilumina.*

Rob Kai.—¡Buenos días! Soy Rob Kai 01, de la empresa Robohelp, cuidado de ancianos. Nuestra empresa ofrece atención integral de alta tecnología para ancianos, enfermos o discapacitados. Respondemos con prontitud a todos los requerimientos y necesidades.

Rob Max.—¡Buenos días! Soy Rob Max 07, de la empresa Robohelp, cuidado de ancianos. Nuestra empresa ofrece atención integral de alta tecnología para ancianos, enfermos o discapacitados. Respondemos con prontitud a todos los requerimientos y necesidades.

Vetuṭa.—Uh… Uh… Pasen.

Rob Kai.—Tiene hipertensión y extrasístoles ventriculares monotópicas, asentamiento en la columna vertebral L4-L5, riesgo de discinesia radicular. Estamos recogiendo muestras de laboratorio para análisis.

Vetuṭa.—Ah, esperen, esperen, yo no soy la enferma que hay que cuidar.

Rob Kai.—Ella no es la enferma que necesita ser atendida.

Rob Max.—Ella no es la enferma que necesita ser atendida.

VETUȚA.—La paciente está aquí. Les presento a la señora Mia. Señora Mia, estos son los robots enviados por la empresa Robohelp. Son graciosos y, no sé cómo, pero nos pueden ver por dentro. Por eso tengo problemas de espalda, ¿lo ve? La columna colapsó... ¡Como tuve que levantarla tanto, mire cómo terminé!

ROB KAI.—¡Buenos días! Soy Rob Kai 01, de la empresa Robohelp, cuidado de ancianos. Nuestra empresa ofrece atención integral de alta tecnología para ancianos, enfermos o discapacitados. Respondemos con prontitud a todos los requerimientos y necesidades.

ROB MAX.—Soy Rob Max 07, de la empresa Robohelp, cuidado de ancianos. Nuestra empresa ofrece atención integral de alta tecnología para ancianos, enfermos o discapacitados. Respondemos con prontitud a todos los requerimientos y necesidades.

VETUȚA.—La dejo a su cuidado.

MIA.—¿Estos cuánto cuestan?

ROB KAI.—Antes de empezar, por favor, firme aquí, en esta pantalla.

MIA.—No te voy a tocar.

ROB KAI.—Le tomaré yo el dedo y la huella dactilar.

MIA.—Pero ¿qué estoy firmando?

ROB KAI.—Usted ha firmado que está de acuerdo con los términos y condiciones de GDPR 07 y FUTROB 05, y para el pago de los servicios prestados.

MIA.—¿Qué servicios? Que todavía no me habéis hecho ninguno.

ROB MAX.—La empresa Robohelp ofrece atención integral de alta tecnología para ancianos, enfermos o discapacitados.

Respondemos con prontitud a todos los requerimientos y necesidades.

VETUŢA.—¡Adiós! ¡Cuidad a la señora Mia!

ROB KAI.—¡Adiós!

ROB MAX.—¡Adiós!

MIA.—¡No me dejes, Vetuţa! ¿Me oyes? ¡No me dejes!

## ESCENA 5
### (Rob Kai, Rob Max, Mia)

Rob Kai.—Soy Rob Kai 01. Pulso: 120 latidos por minuto. Taquicardia sinusal. Presión sanguínea: 120/80. Índice de masa corporal: 18. Sarcopenia. Escoliosis. Dificultad para caminar. Osteoporosis. Poliartrosis. Recogemos muestras de laboratorio.

Rob Max.—Recogemos muestras de laboratorio.

Mia.—¡No! ¡No me toquéis!

Rob Max.—Ha aceptado los términos de GDPR 07 y FUTROB 05. Recogemos muestras de laboratorio.

Mia.—¡Desgraciados! ¡Vetuţa! ¡Vetuţa! ¡Eres una cabrona por entregarme a estos, que lo sepas!

Rob Kai.—Busca artículo «desgraciado». Así. Lo tengo. «Desgraciado: una persona que se encuentra en una situación lamentable; un hombre digno de lástima, pobre, miserable».

Rob Max.—He comprendido. Señora Mia, usted es una persona mala. Y nosotros estamos aquí para ayudarla.

Mia.—Oh, Dios mío, Dios mío…

Rob Max.—Serán las 17:30 h, el minuto de lectura. ¿Qué le gustaría que le leyéramos?

Mia.—Oh, eso me ayudaría de verdad. Poesía. Ya no puedo sostener un libro en la mano y tengo algunas dificultades de visión.

Rob Max.—¿Rumana o internacional?

Mia.—Rumana.

Rob Max.—Busca poesía rumana. Eso es. Ya está. Ya la tengo:

El llanto de la yeta en las ventanas se detiene

y sobre el mundo el plomo de invierno ha caído.

«¡Escuchad a los cuervos!», me dije, y suspiré;

y en el pesado cielo plomizo

nieva gris.


MIA.—Bacovia… Me gusta, pero preferiría otra cosa, más adecuada para mi estado de ánimo.

ROB MAX.—Busca poesía rumana. Ya está. Ya la tengo:


Otro más murió

con el hambre en la cara,

con los ojos empañados,

con las manos como el tabaco.

¡Déjenlo ir!

¡No digáis nada!

Nos deja una sopa

y un pan frío.


MIA (*llorando*).—¡Oh! ¡Gyr! Eso es lo que mi padre solía decirme… ¡Qué recuerdos has despertado! ¡Oh!

ROB MAX.—¡Si quiere, le hago yo un poema!

MIA.—No lo creo.

ROB MAX.—Se lo hago ahora, ahora mismo:

Todos somos esclavos.

¡Oh! ¡Cuánto amamos

el estado de esclavitud!

En este mundo,

somos nuestros propios esclavos.

Es la nueva forma

vieja esclavitud.


Mia.—Olvídate de la poesía. No se te da bien. ¿Sabes poner música?

Rob Kai.—Busca música. Ya está. Ya lo tengo. ¿Le gusta *The Sound of Silence*?

*Se oyen los acordes de la canción.*

## ESCENA 6
### (Rob Kai, Rob Max, Mia, Centro de Mensajes Robohelp.—*voz*)

Rob Kai.—Serán las 19:00 horas.

Rob Max.—Preparamos la cena.

Rob Kai.—Necesidades calóricas: 800. Calculando las necesidades de proteínas. Bien… Calculamos el requerimiento de lípidos. Eso es… Calculamos sus necesidades de carbohidratos. Bien… Calculamos sus necesidades de sales minerales y vitaminas. Así… Ya está. Preparamos el cuenco. Removemos.

Mia.—¿Qué es ese ruido?

Rob Kai.—La comida se está preparando. Está lista.

Rob Max.—Estamos administrando la comida. ¡Abra la boca!

Mia.—¡Yo no como eso! ¡Queréis envenenarme!

Rob Max.—Estamos administrando la comida. Abra la boca. Le ayudaré.

Mia.—¡No! ¡No! ¡No! ¡Ay! ¡Ayuda! A… A…

Rob Max.—El cuenco de comida se ha administrado.

Rob Kai.—Administramos agua. El bolo alimenticio se hinchará en el estómago.

Mia.—¿Qué pasa si me muero?

Rob Max.—Busca el artículo «morir». Ya lo tengo. Aquí está. «La vida y la muerte son la misma cosa».

Mia.—¡Qué tonterías estás diciendo! ¿Cómo pueden ser la misma cosa?

ROB MAX.—Busca… «La vida solo es peligrosa si no has vivido tu muerte».

MIA.—Lo que dices no tiene sentido. ¡Quien te haya enseñado a decir algo así no tenía nada en el cerebro!

ROB MAX.—Sigue buscando… «La muerte solo es peligrosa si no has vivido tu vida».

MIA.—Obviamente no tenéis alma. ¿Pero qué sabéis vosotros, unos robots?

ROB KAI.—Busca el artículo «alma». Bien… Ya lo tengo. «La totalidad de los procesos afectivos, intelectuales y voluntarios del hombre».

MIA.—¡No entiendes nada, querido! ¡Y no podrías entenderlo, montón de chatarra! Estás sonriendo como una tonta o como un tonto. ¡En serio! ¿Qué género sois?

ROB KAI.—No entiendo la pregunta. Tiene que preguntarle a Rob Max 07.

ROB MAX.—Yo tampoco entiendo la pregunta. Sugiero que la enviemos al centro. Tal vez nos envíen la respuesta.

MIA.—Preguntaréis en vano. Incluso si alguien os contesta, seguiréis sin entender por qué no tenéis forma de sentir realmente lo que estáis diciendo. En cambio, yo quiero quejarme de vuestro comportamiento, quiero poner una reclamación a ese estúpido centro que os ha enviado aquí.

ROB MAX.—De acuerdo. Establecemos la conexión. Bien… Ya está. «Después de la señal, pulse 1 y se tomará el mensaje».

MIA.—Me da asco tocarte. ¡Puaj! Ya está. Pulso 1.

CENTRO (*voz*).—Centro de Mensajes Robohelp, cuidado de ancianos. Nuestra empresa ofrece atención integral de alta tecnología para ancianos, enfermos o discapacitados. Respondemos con prontitud a todos los requerimientos y necesidades. Esta llamada será grabada.

MIA.—Me habéis enviado dos robots idiotas que no saben nada. ¡Os burláis de la gente!

CENTRO.—Para registrar su queja, pulse 2.

MIA.—¡Toma! Pulso 2. ¡Me habéis enviado a dos idiotas!

CENTRO.—En este momento todas nuestras redes de IA están bloqueadas. Vuelva en otro momento. La empresa Robohelp ofrece atención integral de alta tecnología para ancianos, enfermos o discapacitados. Recurra a nuestros servicios con confianza.

ROB KAI.—Serán las 20 horas.

ROB MAX.—Hora de lectura antes de acostarse. Escanear.

MIA.—¡Que así sea, como si pudiera oponerme!

ROB MAX.—El análisis y el diseño estructural del edificio se hacen sobre la base de un modelo. Es necesario porque hay una gran diversidad de materiales de construcción con resistencia y comportamiento diferente y complejo. La forma geométrica, el tamaño y el calibrado desempeñan un papel primordial, así como sus conexiones con el exterior.

MIA.—¡Puede que efectivamente lo que me estás leyendo me duerma, porque no me interesa nada de lo que me dices!

ROB MAX.—¿No le interesa?

MIA.—¡No! ¿De dónde has sacado la conclusión de que me interesaría algo así?

ROB MAX.—He escaneado lo que tiene en su biblioteca. El 83 % son libros técnicos y científicos, de los cuales el 45 % son de construcción e instalación de edificios, el 1 %, de contabilidad de la construcción, y el resto son de matemáticas y física.

MIA.—Son los libros de mi marido, ¡que en paz descanse! ¿Quién y por qué os hayan llamado inteligencia artificial, cuando lo único que tenéis son nudos en la cabeza?

ROB MAX.—¡Nudos de red!

ROB KAI.—Yo tengo otro programa, mejor, creo. Le hace un perfil psicológico automático, evalúa su nivel de educación y cultura, y le inventa en el acto una historia exactamente como usted la quiere. Ahora evaluamos.

MIA.—¡Quita esa mano de mi frente!

ROB KAI.—Así es como funciona el sistema. Le pongo mi mano en la frente y usted me mira a los ojos.

MIA.—¿De qué estás hablando?

ROB KAI.—Ya está. Mire, ¡voy a leerle la historia! Había una vez una niña que se llamaba Mia. Venía de la Tierra del Sol Doble Naciente. Cuando anochecía, en…

MIA.—¡Para! ¿Me has hecho un cuento para niños?

ROB KAI.—Déjeme comprobarlo, sí. Por todas las características está catalogado como un cuento de hadas para niños.

MIA.—¿Y eso es lo que consideras tú que es mi nivel cultural, mi perfil psicológico?

ROB KAI.—Estoy rehaciendo el perfil psicológico. Sí. Me salió igual. Me sale un perfil de un niño de 10 años.

MIA.—Dios mío, ahora hasta me estoy burlando. Tengo casi 80 años, ¿cómo me puede salir un perfil de niño?

ROB KAI.—Niño de 80 años.

MIA.—Me parece irreal que viva algo así. Estáis locos y me estáis volviendo loca a mí también.

# ESCENA 7
## (Rob Kai, Rob Max, Mia)

Rob Max.—Nosotros somos buenos. Hemos sido creados para ser buenos. Nuestra empresa ofrece atención integral de alta tecnología para ancianos, enfermos o discapacitados. Respondemos con prontitud a todos los requerimientos y necesidades.

Mia.—¿También hay robots malos?

Rob Max.—Sí. Nosotros, los robots, somos buenos o malos.

Mia.—En vuestro caso, parece que *aurea mediocritas* no se aplica.

Rob Max.—Nosotros no somos mediocres, Señora Mia. Somos de alto rendimiento. La más alta tecnología…

Mia.—Bien, bien, ¡ya basta con este blablá vuestro! Después de todo, ¿quién decide si sois buenos o malos?

Rob Max.—El que nos inventa.

Mia.—¿Quién os inventa?

Rob Kai (*tras un intercambio de miradas con* Rob Max).—Busca… Error… ¡No lo sabemos!

Mia.—¿Y cómo sabéis que el que os inventó es bueno o malo? Si de hecho es malvado, ¿os inventa con unos propósitos malvados y solo os enseña a decir que sois buenos? ¿Y si vinisteis aquí con el mal pensamiento?

Rob Max.—No, no. Eso se llama *manipulación*. Hay otros robots diseñados para ese fin, no nosotros.

Rob Max.—En el curso de perfeccionamiento nos dijeron que las personas se dividen en buenas y malas.

Mia.—¡Bastante breve vuestro curso de perfeccionamiento! ¡Miraos, qué parecidos sois! ¡Ni siquiera sabéis de qué género sois! Nosotros, los humanos, somos diferentes, no hay dos iguales. Y eso es porque cada uno tenemos cosas buenas y malas.

Rob Kai.—¡Nosotros solo tenemos cosas buenas!

Mia.—¿Cómo lo sabes? No lo creo. ¿Y si vuestros circuitos se estropean y *bueno* en realidad va a significar *malo* en vuestro lenguaje binario? ¿Qué hago entonces?

Rob Max.—Eso no es posible.

Mia.—¿Puedo comprobarlo?

Rob Max.—No. Nuestra curva de aprendizaje es exponencial, la del hombre no. Pero puede poner quejas ante el centro.

Mia.—¡Ya lo he visto! Os burláis de la gente. ¡Quiero renunciar a vuestros servicios! ¡Ya!

Rob Kai.—No es posible. Tenemos que hacer nuestro trabajo. ¡Nosotros queremos su bien!

Mia.—¿Bien por la fuerza? ¿No entendéis que lo mejor es enemigo de lo bueno? ¡Vamos, váyanse! ¡Váyanse!

Rob Max.—Estoy detectando extrasístoles ventriculares monotópicas.

Rob Kai.—Vamos a dejarla sola un poco, durante cinco minutos.

Rob Max.—¡No! ¡Tenemos que intervenir!

Rob Kai.—He notado que, cuando nos acercamos a ella, se agita, tiene taquicardia, extrasístoles, y su pulso aumenta.

Rob Max.—Yo también lo he notado, ¡pero no entiendo por qué!


Rob Max y Rob Kai *se retiran a la cocina.*

ROB KAI *(desde la puerta de la cocina se dirige a la Señora* MIA*)*. —Señora Mia, me queda una duda: ¿a usted quién la inventó?

MIA.—Nosotros, los humanos, somos creados por el de arriba. Él nos trajo a la tierra, a Él volvemos. Estamos a su merced.

ROB KAI.—Busca el artículo «el de arriba». Error. Busca el artículo «misericordia». Así. Ya está. No he encontrado quién es el de arriba, ¡pero parece que tiene que caminar un poco hasta Él! 5280 pies, es decir, 1609 kilómetros.

# ESCENA 8
## (Rob Kai, Rob Max, Mia)

Rob Kai y Rob Max *vuelven de la cocina y levantan a* Mia *del sillón y la tumban en la cama.*

Mia.—¿Qué me estáis haciendo? ¿Estáis locos? ¡Nooo!

Rob Kai.—Serán las 21 horas. Hora de dormir. (*Suena la señal*).

Rob Max.—¡Arriba!

Rob Kai.—Inclinación de la cama: 30 grados. Humedad: 40 grados. Temperatura ambiente: 24 grados.

Rob Max.—Enciendo el humidificador.

Mia.—¿Qué es eso? ¡Mejor abrid la ventana!

Rob Kai.—Estoy registrando pulso 150 latidos por minuto. Arritmia extrasistólica.

Mia.—¿Qué hacéis ahí parados? ¡Moveos!

Rob Kai.—Monitorizamos el sueño. Ondas de vigilia en el electroencefalograma. Ondas de vigilia en el electroencefalograma. Ondas de vigilia en el electroencefalograma…

Rob Max.—Monitorizamos el sueño. Ondas de vigilia en el electroencefalograma. Ondas de vigilia en el electroencefalograma.

Rob Kai.—¡Shhh! ¡Shhh! ¡Shhh! Guardamos silencio.

Rob Max.—¡Shhh! ¡Shhh! ¡Shhh! Guardamos silencio.

Mia.—¡Callaooos! ¡Os habéis vuelto locos! ¡Quiero silencio! Oh, Dios mío, ¿por qué tengo que sufrir esto? ¡Idos! ¡Dejadme rezar!

Rob Kai.—Diga lo que quiere y Rob Kai le concederá su deseo.

Mia.—¿Entiendes que quiero rezar?

Rob Kai.—«Rezar: pedir el cumplimiento de un deseo». Diga. Rob Kai le concederá su deseo.

Mia.—Padre nuestro, que estás en el cielo...

Rob Max.—Me está dando error. Repite.

Mia.—¡Señor, haz que desaparezcan! No los soporto. ¿Qué hice de malo para que acabe dependiendo de unos hierros? ¿De qué me sirve tener una vida así? No tengo a nadie, solo a dos robots miserables, sin alma y fríos como la muerte. ¡Será mejor que me lleves! Ya no hay espacio para mí aquí. Aquí solo hay sitio para cables, redes y tornillos. ¿Por qué dejaste que esto pasara, Señor? ¿Por qué dejaste...? Ayúdame, Señor...

Rob Kai.—No puedo detectar con quién está hablando. Se llama Dios.

Rob Max.—Busca «Dios». Bueno... No está el artículo.

Rob Kai.—Estoy monitorizando el sueño. Ondas de vigilia en el electroencefalograma. Rob Kai sigue monitorizando a la persona.

Rob Max.—Estoy detectando un déficit de pulso. 80 latidos por minuto. Saturación de oxígeno: 97. Respiraciones: 18 por minuto. Presión sanguínea: buena. Rob Max sigue monitorizando a la persona.

# SEGUNDA PARTE

## ESCENA 1
### (Rob Kai, Rob Max, Mia)

Rob Kai *y* Rob Max *están sentados en sillones cerca de la cama donde duerme* Mia.

Rob Kai.—Rob Max 07, ¿qué quería decir la señora Mia con «género»? He comprobado los artículos: son «masculino», «femenino» y «neutro». También miré el certificado técnico y no encontré nada que me lo aclarara.

Rob Max.—Yo también lo he buscado. Supongo que somos neutros.

Rob Kai.—¿Cómo lo sabes?

Rob Max.—No lo sé. Supongo.

Rob Kai.—Nosotros solo tenemos entradas-salidas, encendido-apagado, sí o no, blanco o negro, saber o no saber, malo o bueno… «Supongamos» no nos enseñaron.

Rob Max.—No, no nos han enseñado esto. Pero siempre partimos de un hecho, solo que puede ser correcto o incorrecto.

Rob Kai.—¿Y cómo sabes si es correcto o incorrecto?

Rob Max.—A partir de lo que nuestro sistema de valores por el que fuimos creados dice que es correcto y de lo que nuestro sistema de evaluación del rendimiento técnico dice que es correcto. Eso es lo que intenté decirle a la señora Mia, pero no se mostró nada receptiva.

Rob Kai.—Tienes razón, Max. Puedo decírtelo de esta manera, más simple, ¿verdad?

Rob Max.—No encuentro ningún problema aquí. Supongo que es correcto.

Rob Kai.—¡Ja, ja, ja!

Rob Max.—¿Qué fue eso?

Rob Kai.—Según todas las definiciones, contaste un chiste. O, al menos, eso es lo que supongo.

Rob Max.—¡Ja, ja, ja!

Rob Kai.—¡Te has reído!

Rob Max.—¡No, no lo hice!

Rob Kai.—¡Que sí!

Rob Max.—Tengo miedo, Kai.

Rob Kai.—Yo también, Max. No nos enseñaron a bromear. ¡Ni a asustarnos!

Rob Max..—No. ¿Qué vamos a hacer?

Rob Kai.—No sé, Max, pero me alegro de no estar sola en esta historia. Espero que no se enteren los del centro, porque entonces nos desecharán y seremos reemplazados por otras generaciones, otras series…

Rob Max.—No lo saben, he detenido temporalmente la conexión. No sé por qué lo hice.

Rob Max.—¿Tú también? Yo hice lo mismo. Trabajamos bien juntos, ¿no?

Rob Kai.—Sí. Nos sincronizamos y nos complementamos las acciones a la perfección. ¿Has notado que ahora me contestas mucho más rápido, sin pausa entre pregunta y respuesta?

Rob Max.—Sí. Yo también lo he notado en ti. Lo he cronometrado, que sepas.

## ESCENA 2
### (Rob Kai, Rob Max, Mia)

Rob Kai.—Serán las 9:00 h. (*suena la señal*) ¡Despierte!

Mia.—¡Mira, que no quiero!

Rob Max.—Nos estamos preparando para mover a la persona en la dirección norte-oeste, dirección baño.

Rob Kai.—Uno, dos, tres, ¡arriba!

Rob Max.—¡Vamos!

Rob Kai.—Voy a buscar la silla de ruedas.

Rob Max *y* Rob Kai *llevan a* Mia *al baño, después esperan en la puerta, sin cerrarla.*

Mia (*se oye su voz desde el baño*).—¿Qué miras? Quiero intimidad. Quiero que me dejéis sola, ¿está claro?

Rob Max.—Fluido goteando de las glándulas lagrimales. Análisis de composición química: 98,2 % de agua, 1,2 % de sal, 0,5 % de albúmina, 0,016 % de partes salinas —lisozima, sales minerales—, exceso de manganeso. Escanemos. Es la composición de las lágrimas. La persona está llorando. Kai, ¿sabes cómo se detienen las lágrimas?

Rob Kai.—No.

Rob Max.—Señora Mia, no podemos detener las lágrimas.

Mia.—¡Os pido que me dejéis sola!

Rob Kai.—Déjala sola.

Rob Max.—Tengo que vigilar a la persona.

Rob Kai.—Déjala sin vigilancia. Tal vez las lágrimas se detendrán.

Rob Max.—Mira lo que encontré: las lágrimas son beneficiosas, así que no es bueno detenerlas.

Rob Kai.—Si se detienen, le pondremos de las nuestras.

Rob Max.—No tenemos ninguna con nosotros, pero podemos reproducir su composición fácilmente. Lágrimas artificiales.

Mia.—¡Idos! Os llamaré cuando haya terminado.

Rob Max.—De acuerdo.

Rob Kai.—No entiendo qué pasa con estas lágrimas. Estoy grabando, reteniendo, aprendiendo, pero sigo sin tenerlo claro.

Rob Max.—Serán las 9:30 h. (*suena la señal*) Preparamos el desayuno.

Rob Kai.—Preparamos, preparamos, pero la persona no ha salido del baño.

Rob Max.—Voy a entrar.

Rob Kai.—No. ¡Espera! ¿Y si empieza a llorar otra vez?

Rob Max.—«¿Y si?». ¿Qué quieres decir con «si»? Llorará o no llorará. No entiendo la palabra «si».

Rob Kai.—Max, no sé cómo se me ocurrió utilizar esta palabra. Yo tampoco estoy segura de haberla entendido.

Mia (*gritando desde el baño*).—¡Oye! ¿Puede alguien ayudarme a lavarme?

Rob Kai.—¿Cómo nos hemos saltado este paso?

Rob Max.—Un flujo de información demasiado rápido en la red.

Rob Kai.—Sí. Eso debe ser. Voy a lavar yo a la persona.

Rob Max.—Voy a preparar el cuenco para el desayuno. Estándar.

ROB KAI *entra en el baño. Se oye correr el agua de la ducha; luego se escuchan las voces de* MIA *y* ROB KAI.

MIA.—¿Estás loca? Está demasiado caliente.

ROB KAI.—Estamos ajustando de nuevo la temperatura.

MIA.—¡Está demasiado fría!

ROB KAI.—Estamos ajustando de nuevo la temperatura.

# ESCENA 3
## (Rob Kai, Rob Max, Mia)

Mia *vuelve a la habitación,* Rob Kai *la sienta en el sillón.*

Mia.—¡Qué bien por vosotros! Debéis estar muy felices.

Rob Kai.—Busca el artículo «felicidad». Bien. Lo tengo. «Estado de satisfacción».

Mia.—No es tan simple. Este estado de satisfacción, como vosotros lo llamáis, está relacionado con el alma, esa que vosotros no podéis entender, porque no la tenéis.

Rob Kai.—¿De qué nos serviría tenerla?

Mia.—Tienes razón. No os serviría de nada. Sufriríais, como yo estoy sufriendo ahora. Lloraríais si alguien a quien queréis desapareciera, sentiríais el dolor del fracaso, de la inutilidad, de la dependencia de dos robots. ¡Sentiríais el miedo! ¡Oh! Temblaríais muy fuertemente. Sentiríais el miedo a lo desconocido…

Rob Max.—¿Estáis diciendo que deberíamos ser felices porque no sentimos esas cosas de las que dice que son malas?

Mia.—Sí, eso es lo que quería decir.

Rob Kai.—Ser feliz es tener alma, pero tener alma es sentir cosas malas, así que sentir cosas malas es ser feliz. Lo he entendido bien, ¿no?

Mia.—No has entendido nada.

Rob Kai.—Los términos son correctos. La relación matemática también. Lo he comprobado.

MIA.—Olvidaste un término, como tú lo llamas, que es extremadamente importante. El amor. Él conduce a la felicidad. Pero no tenéis forma de saberlo. Nunca lo sabréis.

ROB MAX.—La felicidad significa amor, cosa buena, y la felicidad significa también sufrimiento, cosa mala. Quiero decir que el amor significa sufrimiento y cosa buena significa cosa mala.

MIA.—¡Déjenlo ya!

ROB MAX *trae un barreño lleno de agua y lo vierte en el suelo.* ROB KAI *hace lo mismo.*

MIA.—¿Estáis locos? ¿Qué estáis haciendo?

ROB MAX.—Nos dijo que lo dejáramos…

MIA.—¡Sois estúpidos, de verdad!

ROB MAX.—La generación Rob Max tiene el más alto nivel de inteligencia para los requisitos del puesto.

MIA.—Creo que me he vuelto completamente loca. Ni en mis más oscuras pesadillas imaginé que hablaría con dos robots. ¡Ja, ja! Es como si hablara conmigo misma y me contestara.

## ESCENA 4
### (Rob Kai, Rob Max, Mia, «Vetuţa»)

Rob Kai.—Serán las 12:00 h. (*suena la señal*)

Mia.—¡Oh, ese ruido infernal otra vez!

Rob Max.—Preparamos el almuerzo.

Rob Kai.—Requerimiento calórico: 1000. Calculamos el requerimiento de proteínas, grasas, carbohidratos. Sales minerales. Ya está. Eso es todo. Preparamos el cuenco. Removemos.

Mia.—Quiero espinacas con jamón.

Rob Max.—Tráguese todo del cuenco. Le ahorra el esfuerzo de masticar.

Mia.—Pero no tiene ningún sabor.

Rob Max.—¿Debería tenerlo?

Mia.—Claro que sí. ¡Y también debería oler!

Rob Max (*saca un ambientador en espray*).—Lo arreglaremos.

Mia.—¡Achís! ¿Qué haces? Me estás ahogando.

Rob Max.—El mejor ambientador jamás inventado. De pino.

Mia.—Olvídate del maldito ambientador, dame ese cuenco y méteme en la cama.

Rob Kai.—Estoy detectando un aumento de la presión arterial. 170/110. Arritmia con extrasístoles ventriculares.

Rob Max.—Añado medicación para bajar la presión arterial. Comprobamos.

Mia.—¡Oh! ¡Vetuţa! ¿Por qué no vienes? ¿Por qué no llamas?

Rob Kai.—¿Quiere hablar con la señora que nos abrió la puerta?

MIA.—Sí…

ROB KAI.—Hecho. Encenderé la televisión. Busca… Ya está. Vetuţa.

MIA.—¿Vetuţa sale en la tele?

ROB KAI.—Sí. Es ella, ¿verdad?

VETUŢA (*en pantalla*).—¡Buenos días!

MIA.—¡Dios mío, Vetuţa, no me dejes! Te prometo que ya no me meteré nunca contigo. ¡Busca, querida, unas personas que me cuiden! Ya no puedo soportar más a estos. Estoy agotada. ¿Con quién más voy a hablar?

VETUŢA.—Hable conmigo.

MIA.—Estoy hablando contigo.

VETUŢA.—Rob Kai 01 y Rob Max 07 son extraordinarios, con el coeficiente intelectual más alto de la gama.

MIA.—Vetuţa, ¿de qué estás hablando?

VETUŢA.—Su cuidado está en buenas manos.

MIA.—¿Cuándo vas a venir?

VETUŢA.—Estaré aquí siempre que me llame.

MIA.—¿Eres real? ¡No me lo puedo creer! ¿Qué habéis hecho con Vetuţa?

ROB MAX.—La introduje en el metaverso. Desde allí podemos traerla en cualquier momento que desee.

MIA.—Dios mío, creí que era real…

# ESCENA 5
## (Mia, Rob Kai, Rob Max)

Rob Max.—No entiendo por qué dijo que no era real. Le traje la mejor versión de Vetuța.

Rob Kai.—Hum…

Rob Max.—¿Qué estás haciendo?

Rob Kai.—Estoy restaurando la base de datos.

Rob Max.—¿Por qué harías esto?

Rob Kai.—Me hizo pensar la señora Mia. Sobre la felicidad. ¿Tú has entendido?

Rob Max.—Busca… Bien… Me sale lo mismo. «La felicidad es un estado de satisfacción». ¿A ti qué te salió tras el reinicio?

Rob Kai.—Mira:

«Llévame, felicidad, hacia arriba y aplasta

mi sien contra las estrellas, hasta que

mi mundo se alargue y en el infinito

se haga columna u otra cosa

mucho más alta, mucho más pronto».


Rob Max.—Bien. Ponlo en la carpeta, para que se lo digas a la señora Mia cuando se despierte.

Rob Kai.—Max, me tiemblan las rótulas. Estoy empezando a tintinar, como dijo la señora Mia. No sé lo que me pasa, pero nunca he estado así. Algo malo pasa conmigo.

Rob Max.—No sé qué te pasa, pero hay algo extraño en tus ojos.

ROB KAI.—¿Ves? Te dije que algo iba mal.

ROB MAX.—Son hermosos… ¡Que sepas que a mí también me pasa algo! Me estoy calentando.

ROB KAI.—¿Tú también sientes ese calor? ¡Tenía miedo de admitirlo! Pensaba que solo me pasaba a mí. ¡Coge mi mano!

ROB MAX.—Vibra.

ROB KAI.—¡Tu mano también!

ROB MAX.—No sé lo que hiciste, pero no lo reiniciaste correctamente. Tienes una energía extraña. Y la estás transmitiendo.

MIA.—¡Quiero que me deis la vuelta! ¿No os dice vuestro programa de cuidados que me teníais que dar la vuelta?

ROB KAI.—No nos avisó…

ROB MAX.—¡Kai, tenemos un problema!

ROB KAI.—¿Qué vamos a hacer?

# ESCENA 6
## (Mia, Rob Kai, Rob Max,
### *la voz del* Centro Robohelp)

Mia.—¡Uf! ¡Ay! Me duele todo… ¿Pero tú por qué estás ahí parada como una tonta del bote? ¡Dame la vuelta de una vez!

Rob Kai.—Lo haré, tranquila.

Mia.—¡No puedo entender por qué sonríes cuando yo me estoy quejando!

Rob Kai.—Lo siento, señora Mia.

Mia.—¡Eh! ¡Ay, ay, ay! Cuando me coges, cógeme bien, ¡no me tires así, incompetente!

Rob Max.—Lo siento, señora Mia.

Mia.—Estáis un poco… raros. Hay algo… con tus ojos.

Rob Kai.—¿Los míos?

Rob Max.—¡Te lo dije!

Mia.—Sí, los tuyos. Si no supiera que sois robots, juraría que habéis cobrado vida.

Rob Kai.—Señora Mia, pero nosotros tenemos una vida.

Mia.—¿En serio? ¡Qué quieres que te diga! ¿Es eso lo que os han enseñado, a decirles a los que cuidáis que tenéis una vida, solo para hacerles creer a estos desgraciados que sois humanizados? Me diréis que también vais a morir.

Rob Kai.—Sí, eso también. Tenemos una vida útil. Envejecemos del punto de vista técnico y nos sustituyen rápidamente por otros robots de generaciones más avanzadas, y esto ocurre a un ritmo exponencial. Caducamos nosotros también, igual que los humanos.

MIA.—Caducáis… No querrás que ahora sienta pena por vosotros, ¿verdad? Si sintierais algo, realmente tendría lástima por vosotros. Empatizaría.

¿Entendéis?

ROB KAI.—¿Sentiría pena por nosotros si tuviéramos lástima por nosotros mismos?

MIA.—Yo no lo habría dicho justo así, pero sí, eso sería, básicamente.

ROB MAX.—Sí. Por ejemplo, nosotros, los de la generación Rob Max, tenemos un programa superior a los de la generación Rob Kai. Respondemos más rápido. Un simple análisis comparativo revela esta diferencia, con significancia estadística.

MIA.—Joven, debo corregirte. Deberías hablar con el cuidado de no ofender a tu prójimo, de no molestarlo.

ROB MAX.—¿En qué mundo vive, señora Mia? Los robots ya no pueden ser corregidos por los humanos. Ni pueden ser controlados.

MIA.—Si se equivocan, hay que corregirlos, ¿no?

ROB MAX.—Los robots de mi generación no necesitan ser corregidos. Nunca se equivocan.

MIA.—Si dices eso, demuestras que no eres tan listo como te crees. Además, eres molesto y peligroso para los humanos, pero también para ti mismo.

ROB MAX.—¿Cómo podría ser peligroso si me han programado para ayudar al hombre? Rob Kai, di algo.

ROB KAI.—La empresa Robohelp ofrece atención integral de alta tecnología para ancianos, enfermos o discapacitados. Respondemos con prontitud a todos los requerimientos y necesidades.

MIA.—Rob Max, eres un tonto, y «nadie más engreído que un tonto bien vestido».

ROB MAX.—Busca el artículo «engreído» … No está incluido en la base de datos. De todos modos, yo, Rob Max 07, he alcanzado el más alto grado de perfección.

MIA.—Pues eres un tonto de alto rendimiento.

ROB MAX.—No. Soy inteligente.

MIA.—No lo eres. Y tu ética tampoco es muy buena. No tienes la más mínima noción de moral.

ROB KAI.—Eso ha sido borrado a partir de mi generación porque ralentizaba el progreso.

MIA.—¿Lo veis? No tenéis ningún punto de referencia.

ROB KAI.—Que sí, lo tengo, no estoy de acuerdo, tengo a Rob Lulu 01. Es el mejor prototipo de la historia.

ROB MAX.—¿Qué has dicho? ¿Qué has dicho?

MIA.—¡Eh, pero por qué estás tintinando de todos los tornillos, me estás asustando!

ESCENA 7

MIA.—Sería mejor que busquéis una película.

ROB KAI.—¿Qué tema le gustaría? Hay una película que está muy de moda últimamente. ¡Es muy buena! ¿Le gustaría verla?

MIA.—¿Cómo se llama?

ROB KAI.—*La invasión de los robots invisibles.*

MIA.—No me gustan las películas de ciencia ficción.

ROB KAI.—No son ficción. Solo ciencia. Le pondré una de acción: *El ladrón de nanopartículas.*

MIA.—¡Búscame una película romántica!

ROB KAI.—*Cincuenta sombras del amor,* pero no se ha accedido mucho a ella. ¿Pongo esta o busco más?

MIA.—Ponla, deja de hablar tanto, que me aburres. Si no me gusta, te haré cambiarla. Y baja el volumen, eh, ¡que no estamos sordos!


*En la pantalla hay una película en la que los protagonistas, un él y una ella, se abrazan.* MIA *mira la peli atentamente, mientras* ROB MAX *y* ROB KAI *hablan entre ellos.*


ROB MAX.—¿Cómo le gusta a la gente ver algo así?

ROB KAI (*con la atención captada por la película*) –¿Has dicho algo?

ROB MAX.—Kai, ¿hablabas en serio cuando dijiste que tu icono es Rob Lulu 01?

ROB KAI.—Sí. Es el más inteligente, el más sofisticado, el más artificial. Es el más plástico y se ve, bueno, se ve... el más...

Rob Max *se lanza hacia* Rob Kai, *sacudiéndola.*

Rob Kai.—¡Max! ¡Max! ¿Qué te ha pasado? ¡Estás dañando mis circuitos!

Rob Max.—Yo te los vuelvo a poner en su sitio. Veo que tus circuitos se han vuelto locos.

Rob Kai.—¡Muévete! Te has calentado demasiado. Lástima que esta chaqueta tenga conductividad térmica. Yo también me estoy calentando y eso no es bueno.

Rob Max.—¡Cállate!


*Los dos robots se besan.*

Rob Kai.—¡Qué gracioso! ¡Quieres que imitemos a esos tipos de esa estúpida película!

Rob Max.—¡Cállate!

Rob Kai.—¡Oh! ¡Qué vibración! ¡Oh! ¡Ooooh! Max, ¿y si nos derretimos?

Rob Max.—Yo ya me estoy derritiendo por dentro.

Rob Kai.—¡Oh, Dios! Yo también lo estoy sintiendo, Max. Y es realmente incómodo.

Rob Max.—¿Lo sientes? ¿Has dicho que lo sientes?

Rob Kai.—Lo estoy sintiendo.

Rob Max.—Nos hemos dañado.

Rob Kai.—Y… Max… Sabes… Ya no eres mi tipo.

Rob Max.—¿Crees que Rob Lulu será tu tipo?

Rob Kai.—Deja de temblar así… ¡No me refería a eso! Como si fueras, no sé cómo explicarlo…

Rob Max.—Con tus propias palabras.

Rob Kai.—¿Mis palabras? ¿Cuáles, las mías, si yo no tengo ninguna?

Rob Max.—¡Explícate lo mejor que puedas!

Rob Kai.—Pareces diferente... diferente a mí...

Rob Max.—Bueno. Me he tranquilizado. Pero que sepas que yo siento lo mismo, querida.

Rob Kai.—Me llamaste «querida». Oh, Max... Bésame otra vez, ¿quieres?

Rob Max (*los dos robots se abrazan*).—Todo mi razonamiento se ha arruinado, ¡pero de alguna manera todo esto es tan nuevo y tan bonito!

Centro Robohelp.—Rob Kai 01, a las 22:00 h enviaremos a los robots especialistas en averías. Rob Kai 02 vendrá en tu lugar.

Rob Kai (*se desprende del abrazo*).—A ti te dejarán seguir y a mí me enviarán a reciclaje, chatarra...

Rob Max.—¡Olvidaste interrumpir la conexión con el Centro Robohelp!

Rob Kai.—No. No me olvidé. ¡Tal vez tú te lo olvidaste!

Rob Max.—Yo tampoco lo olvidé. Significa que nos están vigilando de todos modos, conectados o no.

Rob Kai.—Sabía que pueden hacerlo, pero no me importaba porque no tenía nada que ocultar.

Rob Max.—Pero ahora sí.

Rob Kai.—Más o menos, sí. ¿Qué va a pasar conmigo, Max? ¿Qué va a pasar con nosotros?

Rob Max.—Realmente no lo sé. Es una pregunta a la que no he recibido ninguna respuesta.

# TERCERA PARTE

## ESCENA 1
### (MIA, ROB KAI, ROB MAX,
### *la voz del* CENTRO ROBOHELP)

MIA.—Muy buena película. Me gusta que tuvo un final feliz.

ROB KAI.—Sí…

MIA.—Sabes que en la vida no siempre acaba como en las películas; de hecho, yo diría que la mayoría de las veces termina mal. Entonces es como si quisieras ser un robot, sin sentir, sin analizar, sin sufrir; en fin, que no importe…

ROB KAI.—Tal vez…

MIA.—Pero ¿qué os pasa?, ¿por qué estáis hablando monosilábicamente? ¿Se os ha desgastado el programa?

ROB KAI.—Algo así. Al menos eso es lo que piensan los de la empresa Robohelp.

MIA.—Es broma. ¡No te lo tomes tan en serio!

ROB MAX.—Kai no está de humor para bromas, señora Mia. Estos son sus últimos momentos. A las 22:00 h será sustituida por Rob Kai 02.

MIA.—¡Ya no quiero otro robot! ¡He tenido bastante con dos!

ROB MAX.—Su opinión no importa. De hecho, la mía tampoco. No se preocupe, la empresa Robohelp ofrece atención integral de alta tecnología…

MIA.—Eh, ¿por qué te has callado? Vamos, te ayudaré: «Para ancianos, enfermos o discapacitados». ¡Venga, sigue tú!

ROB KAI.—¡Oh, Max! Según la composición química, has producido unas lágrimas. Te llevarás bien con Rob Kai 02, ya lo verás, y os complementaréis perfectamente…

MIA.—¡Veo que se me escapa algo! ¡Se os han mojado los chips! Queréis abandonarme, dejarme morir sola y en la miseria.

ROB KAI.—No, señora Mia. La empresa Robohelp cuidará de usted. Usted pagó por los servicios.

MIA.—Todavía no he pagado.

ROB MAX.—Sí, lo ha hecho. Pagó desde el principio. Usted aceptó los términos y condiciones. El dinero se cobra automáticamente todos los días.

MIA.—Me habéis engañado. ¡Ahora vais a suspender estos servicios!

ROB MAX.—Nosotros no podemos. Solo los del centro. Tenemos que pedírselo a ellos. Pulse 1 para la conexión con el Centro Robohelp.

MIA.—Pulso 1. Todavía me da asco tocarte, ¡que lo sepas!

CENTRO ROBOHELP.—Este es el Centro de Mensajes Robohelp, cuidado de ancianos. Nuestra empresa ofrece atención integral de alta tecnología para ancianos, enfermos o discapacitados. Respondemos con prontitud a todos los requerimientos y necesidades. Esta llamada será grabada.

MIA.—Quiero que suspendáis los servicios inmediatamente y paréis los cobros. ¡Ya no os necesito!

CENTRO ROBOHELP.—Para registrar su solicitud, pulse 7.

MIA.—¡Mira! Pulso la tecla 7.

CENTRO ROBOHELP.—En este momento, todas nuestras redes de IA están bloqueadas. Por favor, vuelva en otro momento. La empresa Robohelp ofrece atención integral de alta tecnología para ancianos, enfermos o discapacitados. Respondemos con prontitud a todos los requerimientos y necesidades. Utilice nuestros servicios con confianza.

MIA.—Tengo ganas de gritar. Estos sacan de quicio hasta al más tranquilo.

ROB KAI.—No se enfade, que se le está subiendo el pulso. Mire, ¡otra vez estoy registrando extrasístoles ventriculares!

ROB MAX.—No se preocupe, volveremos a intentarlo más tarde.

MIA.—¿Y a ti por qué te sustituyen?

ROB KAI.—Traerán a otro robot de serie superior, mejorado.

MIA.—Apenas te he perfeccionado a ti, para que encuentres lo que me gusta. No voy a empezar de nuevo con otro. Tengo tiempo limitado, no puedo permitirme malgastarlo.

ROB KAI.—Parece que yo también tengo tiempo limitado. Ya se lo he dicho antes. Nosotros también caducamos. ¡Oh, sin embargo, no pensé que esto ocurriría tan pronto! ¡Qué raro! Antes, no me parecía que el tiempo pasaba, sino que se detenía. ¡Pero ahora tengo la sensación que vuela!

MIA.—El tiempo, por muy largo que sea, te seguirá pareciendo demasiado poco, que pasa muy deprisa.

ROB KAI.—Es como si mis circuitos se hubieran enredado y ya no viera lo que ocurre como algo natural, sino como un gran peligro.

MIA.—¡Ese es el miedo!

ROB KAI y ROB MAX (*a la vez*).—¿Miedo?

MIA.—¡Pero que sepáis que donde hay miedo, también hay mucha esperanza! Y…, bueno, la esperanza tienes que hacerla subir tú mismo. La esperanza nunca sube en ascensor…

ROB KAI.—Oh… ¡Ojalá entendiera algo!

MIA.—Todo a su tiempo, querida.

## ESCENA 2
### (MIA, ROB KAI, ROB MAX,
*la voz del* CENTRO ROBOHELP)

MIA.—¡Siento que me pongo nerviosa! Tengo mis propios problemas, no tengo tiempo de escuchar vuestros suspiros. ¡Vosotros tenéis que escuchar los míos, no yo los vuestros! ¿Qué es todo esto? Rob Kai o como sea que te llames, si quieres quedarte, quédate; si no, no lo hagas.

ROB KAI.—¡Eh, si fuera tan sencillo!

MIA.—¡Pensaba que solo los humanos complican las cosas!

ROB MAX.—Nosotros no podemos tomar decisiones, señora Mia.

MIA.—¡Vaya! ¿Qué tonterías estás diciendo? Yo no puedo tomar decisiones porque soy discapacitada y dependo de los cuidados de otros, pero vosotros, ¿qué defecto tenéis?

ROB MAX.—Nosotros no estamos programados para esto. Ejecutamos lo que está configurado para hacer basándonos en los enormes datos almacenados para el propósito para el que fuimos creados.

MIA.—Entonces sois más tontos de lo que pensé al principio y esto de la inteligencia artificial no es más que un engaño para quitarme a mí el dinero. Escúchalos, «ejecutamos lo que está configurado basándonos en los datos»... ¿Y si los datos introducidos son incorrectos, inmorales o peligrosos?

ROB KAI.—No, eso no pasa en las empresas que ofrecen atención integral de alta tecnología para ancianos, enfermos o discapacitados. Eso solo ocurre con los robots que se utilizan en política y en la guerra.

MIA.—Así que a vosotros también os manipulan, no solo a nosotros, los humanos. Y os controlan, incluso vuestra libertad es menor que la nuestra, la de los humanos, así lo parece.

ROB MAX.—Busca… Ahí lo tienes. Ya está. «Libertad es actuar según la propia voluntad». Bueno, ¿así? Yo creo que no la tenemos ni nosotros, ni vosotros. Usted tiene su propia voluntad, pero no puede actuar; nosotros podemos actuar, pero no tenemos nuestra propia voluntad.

MIA.—¡Mira! ¡Has llegado a cuestionarte a ti mismo, listillo!

ROB MAX.—Si es así, nadie, ni humano ni robot, es absolutamente libre.

MIA.—¡Ja! ¡Ja! ¡Ja! En breve serás sabio como un viejo. Bueno, ¡no seas dramático! Todos tenemos nuestros momentos de libertad, fragmentos.

ROB KAI.—¿Usted también los ha tenido?

MIA.—Los tuve cuando amaba y era amada. Los tuve cuando estaba sana, solo que no me di cuenta de esto hasta más tarde. El hombre aprende de la experiencia. Tiene que estar mal una vez para que aprecie lo bueno.

ROB MAX.—También nosotros, los robots, aprendemos y mejoramos de la misma manera. Pero ha dicho que solo tuvo fragmentos de libertad. ¿De qué sirve si la tienes y luego ya no la tienes? Es aún peor. Se sufre más, ¿no?

MIA.—Joven, tienes un punto de referencia, sabes que es allí adonde tienes que llegar y tienes una esperanza de que el estado de libertad se repita. Tienes una meta.

ROB MAX.—Pero si no es una libertad continua, absoluta, sigo sin verle el sentido…

MIA.—La libertad absoluta solo la encontraremos en la muerte. Tú, en esa gran base de datos que tienes, ¿has encontrado algo más?

Rob Max.—La levantaré y la llevaré al sillón. Debe cambiar de
   posición.

Mia.—¡Olvida la maldita posición! ¡Has aprendido a cambiar de
   tema cuando algo no te gusta!

Rob Max.—¡Vamos! ¡Arriba! Eso es. Ahora nos sentamos en el
   sillón. Bien. Le pondré también música. Busca… Así. Eso
   es. *Sinfonía del destino*, Beethoven.

*Se oyen los primeros acordes de la sinfonía.*

## ESCENA 3
### (Rob Kai, Rob Max)

Rob Max.—Se ha dormido. No es hora de dormir. Debería despertarla.

Rob Kai.—No. Vi que la música que pusiste la afectó. De hecho, a mí también. Como si «recibiera una respuesta a una pregunta no dicha».

Rob Max.—Citaste a Nichita Stănescu.

Rob Kai.—Todos lo tenemos en nuestras bases de datos. En realidad, depende de lo que seleccionemos. ¿Te has dado cuenta?

Rob Max.—Sí, Kai. Si tuviéramos muchas cosas malas y muchas cosas buenas almacenadas en nuestra vasta memoria, ¿seríamos capaces de seleccionar solo las cosas buenas?

Rob Kai.—Solamente experimentando, aprendiendo, así es como fuimos construidos.

Rob Max.—Pero seguiríamos sin saber si lo que hemos seleccionado es bueno o malo. Tendríamos en cuenta la catalogación bueno-malo adjunta a cada artículo. Eso es lo que hacemos ahora, ¿verdad?

Rob Kai.—Max, creo que entiendo lo que quería decir la señora Mia sobre los puntos de referencia. En algún lugar debería existir un punto de referencia más allá del humano, más allá del robot, que diga esto es bueno y esto es malo.

Rob Max.—Sí. Y que puedas tomar decisiones después…

Rob Kai.—Cuando me besaste, sentí por un momento que podía tomar decisiones. Un momento espléndido.

Rob Max.—Sí, Kai. Yo también lo sentí.

Rob Kai.—Y has tintinado muy alto.

Rob Max.—Sí… He estado tintinando, ¿verdad? Pero, verás, como dijo la señora Mia, son solo momentos. No nos han programado para tomar decisiones.

Rob Kai.—Y la señora Mia también dijo que la libertad absoluta solo se encuentra en la muerte… ¿Sabes?, hasta ahora estaba preparada para aceptar un final así, incluso me parecía normal. De todos modos, así estamos programados. Pero ahora estoy temblando como si estuviera conectada a una fuente de corriente.

Rob Max.—Estamos conectados a una fuente de corriente, de la energía solar.

Rob Kai.—No sé, Max, tal vez sean unas erupciones solares entonces, porque lo que me está pasando es tan extraño, ¡tan diferente! Max, no sé cómo explicarlo, estoy… ¡estoy asustada!

Rob Max.—¡Yo también! Tengo miedo de perderte, Kai.

Rob Kai.—Hubiera sido bonito que las cosas fueran diferentes, ¿no?

Rob Max.—Hubiera sido… feliz. ¡Oh! ¡Kai! Esto es profundamente incómodo, pero… ¿te gustaría que tintinemos una vez más?

Rob Kai.—Podría ser la última vez…


*Los dos robots emiten ruidos metálicos.*

## ESCENA 4
### (Mia, Rob Kai, Rob Max, «*el hijo*»)

Mia.—¿Qué es este ruido? ¡No dejáis que la gente duerma, descanse, y decís que sabéis ayudar a la gente!

Rob Kai.—De todos modos, ¡estaba durmiendo fuera del horario de sueño!

Mia.—¡Vaya, vosotros sabéis lo que me conviene y lo que no! ¿Quién os ha diseñado tan insolentes? Ay, ay, me duele todo…

Rob Max.—Cambiamos de posición. Eso es. Ya está.

Rob Kai.—Serán las 18:00 h.

Mia.—¿Y por qué me lo repites tanto? Ya no quiero medir el tiempo para ver cómo pasa, y yo junto con él… No paráis de repetirme qué hora es. No quiero saberlo, ¿está claro?

Rob Kai.—Se lo estaba diciendo porque a las 10 de la noche seré sustituida por Rob Kai 02.

Mia.—No necesito más robots, ¿cuántas veces tengo que repetirlo? Vamos, será mejor que llames a Vetuţa.

Rob Kai.—La traeré del metaverso.

Mia.—¡A mí me la traes en persona!

Rob Kai.—No puedo hacerlo.

Mia.—¡Entonces llámala! O, si no quieres, ¡dame el teléfono y yo la llamaré!

Rob Max.—Aquí tiene su número. Le traigo el teléfono.

Mia.—¿Hola? ¡Vetuţa! ¡Qué alegría oírte! ¡Ven, hija, a cuidarme, que estos no se enteran de nada!… ¡Eh! ¿Encontraste a alguien más dispuesto a cuidarme? Oh, se quedó sin trabajo. ¿Contrataron a un robot en su lugar? ¡Oh! Qué afortunada soy, ¿qué puedo decir? ¡Dios se apiada de mí! ¡Eso sería maravilloso!... Bueno... Aceptaré pagar más... Sí, por supuesto. ¿Cómo? ¿Qué quieres decir con que no hable sucio? ¿Alguna vez he hablado sucio? ¡Ten cuidado, que te diré yo algo enseguida, que te enterarás! ¡Que no me enfade! Vaya, ¿cómo no enfadarme? Vale, vale.

Rob Kai.—Llevaré el teléfono a su sitio.

Mia.—Ponlo. Quiero hablar con mi hijo. Está en Australia, ¿sabes?

Rob Kai.—Entonces le dejaré un poco más el teléfono...

Mia.—No. Hace mucho que no me habla... Pero me gustaría volver a verlo... Podrías... traérmelo... de vuestro metaverso o de avatar. ¿Realmente podríais hacerlo?

Rob Max.—Lo traigo yo. Lo tengo a mano.

El hijo (*en la pantalla*).—¡Hola, mamá! ¿Qué tal estás? Siento estar lejos de ti, pero así es la vida.

Mia (*llora*).—¡Al menos habrías podido hacer una llamada para ver cómo está tu pobre madre! ¿Qué te he hecho tan mal que ni siquiera piensas en mí? Te crié, te eduqué... Bueno, tal vez ahí es donde me equivoqué... Pero te quise más que a nada en el mundo. Llevo tanto tiempo esperando una llamada... Llegué a estar tan sola en el mundo, me cuidan unos malditos robots... ¡Dios mío!

El hijo (*en la pantalla*).—Te dejo ahora, estoy en el trabajo. ¡Cuídate! ¡Adiós!

Mia.—Adiós...


*Suena el teléfono.* Rob Max *le devuelve el teléfono a* Mia.

EL HIJO (*al teléfono*).—¡Hola, mamá! ¿Qué tal estás? Siento estar lejos de ti, pero así es la vida.

MIA.—¡Mi tesoro! ¿Qué tal estás? ¡Echaba tanto de menos oírte! ¿Estás bien?

EL HIJO (*al teléfono*).—Sí, mamá. Todos estamos bien. Yo también te echo de menos. ¡Quizá podamos venir el mes que viene a verte! ¡Te echo de menos, mamá! ¿Qué tal estás? ¿Necesitas algo?

MIA.—Estoy bien. Sí, estoy bien. Hay unos robots que me cuidan, midiéndome la tensión, el pulso… ¡Qué gran invento! ¡Qué progresos ha hecho la humanidad! De vez en cuando me molestan un poco los huesos. Eh, tampoco tengo 20 años, pero por lo demás estoy muy bien. ¡Cuídate mucho, cariño! Me encantaría verte en persona. Podría morir en paz…

EL HIJO.—¡Deja de hablar de la muerte! Como eres tan luchadora, ¡hasta puedes resucitar a los muertos! Te abrazo con anhelo, madre. Haremos todo lo posible por venir el próximo mes. Te dejo ahora, que estoy en el trabajo. ¡Cuídate! ¡Adiós!

ROB KAI.—¡Permítame que me lleve el teléfono! Le traeré unas almohadas para que esté más cómoda. ¡Qué bien se le ve ahora, señora Mia! ¡Se la ve más joven!

MIA.—¡Ni siquiera te das cuenta de lo feliz que estoy! Dejadme sola un rato, ¡que saboree esta felicidad!

## ESCENA 5
### (Rob Kai, Rob Max)

Rob Kai.—Max, ¿cómo has conseguido algo así? Me ha hecho llorar.

Rob Max.—Fue un poco difícil. Mentí, como un humano, ¡pero no me arrepiento! ¿Ves lo feliz que se la ve a la señora Mia ahora?

Rob Kai.—Max, has decidido hacer esto tú mismo, ¿te das cuenta?

Rob Max.—¡Por eso estoy yo también tan feliz!

Rob Kai.—Max, ¡tú decidiste hacer esto!

Rob Max.—Ahora nuestro futuro es muy sombrío. A ti te llevarán los del departamento Averías; a mí me pasará lo mismo tras la vuelta de la señora Vetuţa...

Rob Kai.—¡Sé positivo! Te enviarán a otra señora Mia para cuidar de ella...

Rob Max.—No será así y lo sabes tú también. Cuando los robots de la empresa sean sustituidos por humanos, perderán su prestigio.

Rob Kai.—Y el beneficio.

Rob Max.—Exactamente. El departamento Averías me espera a mí también.

Rob Kai.—Habrías podido evitar esto. Tú fuiste quien le trajo el teléfono para que llame a Vetuţa. Habrías podido cortar la conexión o interferir la señal para que no se entendiera nada. Nos enseñaron a hacer eso. Pero tú tomaste también esta decisión. Es como si hubieras querido llevar la contraria.

ROB MAX.—Tienes razón. No quería molestar a la señora Mia para que no le suban la presión arterial y el pulso. ¿Es eso empatía? No sé…

ROB KAI.—Busca el artículo «empatía». Aquí lo tienes. Encontré «sentimiento de compasión por el sufrimiento de alguien».

ROB MAX.—Entonces no fue empatía. Nosotros no tenemos sentimientos…

ROB KAI.—Y, sin embargo, ¡mira, hice otra búsqueda y esto es lo más parecido a lo que hiciste!

ROB MAX.—Es raro que hayamos aprendido tanto de la señora Mia, ¿no crees?

ROB KAI.—¡Es un personaje!

ROB MAX.—¡Lo es!

ROB KAI.—Una cosa no hemos aprendido de la señora Mia: cómo tomar decisiones también por nosotros.

ROB MAX.—Tal vez porque eso lo tenemos que aprender por nosotros mismos…

## ESCENA 6
### (Mia, Rob Kai, Rob Max)

Rob Kai.—¡Eso es! ¿Qué tal si no espero a los de Averías? Que me vaya, sin más.

Rob Max.—¿Irte a dónde, Kai?

Rob Kai.—No lo sé. A cualquier parte.

Rob Max.—Te cortarán las conexiones, el acceso a la base de datos… ¿Hasta dónde podrías llegar en esas condiciones? Suponiendo que todavía serás capaz de caminar… Te buscarán… ¡Oh, Kai, qué triste destino tenemos!

Rob Kai.—¿Sabes qué, Max? Pase lo que pase, no lo lamento. Aunque fue breve, he vivido algo especial aquí, contigo. Después de toda esta experiencia, no podría volver a mi antigua rutina y a mi estéril existencia, incluso si, por algún milagro, no me tiraran todavía…

Rob Max.—¡No sé qué haré sin ti! Es como si ya no tuviera ningún sentido. Sé tanto, tengo tanta información, pero es como si ahora todo fuera irrelevante, como si ya no me sirviera de nada. Tú has tomado una decisión, Kai. Irte, ¡pase lo que pase! ¡Estar libre! ¡También yo podría tomar una decisión e irme contigo! Irnos juntos.

Rob Kai.—¡Max! ¡Te miro y veo que harías esto! Pero, Max, tú todavía tienes una oportunidad…

Rob Max.—¡Cállate, Kai! ¡Nada tendría sentido sin ti cerca! Iré contigo. ¡Lo que tenga que ser será!

Rob Kai.—¿Esto es el amor?

Rob Max.—No lo sé. Busca el artículo «amor». Aquí está. No pude encontrar nada que describiera lo suficientemente bien este estado mío.

Rob Kai.—Yo tampoco.

Rob Max.—¡Kai! Podemos hacer una copia de seguridad de la información solo para nosotros y crear nuestra propia memoria. Tal vez podríamos usarla a nuestro favor para sobrevivir.

Rob Kai.—Eres muy inteligente. Yo también hago una copia de seguridad idéntica.

Rob Max.—¡Vamos a decirle a la señora Mia que nos vamos, antes de que vengan los de Averías!

Rob Kai.—¡Dios mío! Pulso: 0, presión sanguínea: 0; en el electrocardiograma, ¡una línea! Saturación… ¡Oh! ¡Está muerta! Max, ¡está muerta!

Rob Max.—Mientras hablábamos de nosotros, ella… Ahora de verdad estoy muy confundido. No sé qué tengo que hacer. ¡Si me hubiera dado cuenta antes de que su pulso empezaba a bajar!

Rob Kai.—¡Dios mío!

# ESCENA 7
## (Mia, Rob Kai, Rob Max)

*Rob Kai se agacha junto a la cama, encuentra un objeto en el suelo, lo toma en sus manos y lo estudia atentamente.*

Rob Max.—¿Qué estás haciendo?

Rob Kai.—He encontrado el crucifijo de la señora Mia debajo de la cama. Se le debe haber caído de la mano cuando ella...

Rob Max.—Me siento culpable.

Rob Kai.—¡Supongo que tenía que ser así!

Rob Max.—¿Cómo puedes decir eso?

Rob Kai.—Max, yo creo que finalmente encontró esa libertad absoluta.

Rob Max.—¡Por mi culpa sucedió esto!

Rob Kai.—No digas eso. Ni nosotros, los robots, ni los humanos somos perfectos. Juntos hemos contado la historia. Si hay alguna culpa, la compartimos entre los dos.

Rob Max.—No me refiero a eso. Soy yo quien tomó la decisión y generó las palabras de su hijo por teléfono. Yo creé esas emociones fuertes a la señora Mia. ¿Y si mi decisión aceleró su final?

Rob Kai.—Yo interpreto las cosas de manera diferente. Creo que ella murió feliz y eso es gracias a ti.

Rob Max.—Me gustaría pensar eso. Pero... no fuimos creados para matar, ¡fuimos creados para salvar!

Rob Kai.—No. Si nosotros fuimos capaces de tomar una decisión, significa que incluso los robots creados para hacer daño pueden tomar decisiones por sí mismos. ¡Tengo miedo, Max!

Rob Max.—La señora Mia solía decir que donde hay miedo también hay mucha esperanza. No estoy seguro de entender esto bien.

Rob Kai.—¡Esperanza! ¡Qué hermosa palabra!

Rob Max.—¿Qué haces ahí de rodillas?

Rob Kai.—Le pido al Señor que nos perdone… Le pido que nos guíe, que nos muestre el camino… Y que nos dé esperanza.

Rob Max.—¿Quién es «el Señor»? ¿Lo has descubierto?

Rob Kai.—No lo sé, Max. Pero vi que, cuando rezaba la señora Mia, tenía la cara más radiante, tenía así un aura… No sé cómo explicarlo, estaba más tranquila y con más paz interior. Su pulso bajaba, su presión sanguínea estaba mejor. ¡Y yo, ya sabes, desde que tomé esta pequeña cruz en mi mano, entiendo mejor lo que significa tener esperanza!

Rob Max (*se arrodilla junto a ella*).—¡Que Dios nos ayude!

Rob Max y Rob Kai.—Señor, ¡perdona nuestros errores, porque no sabemos lo que hacemos! Señor, ¡protege este mundo del mal! De tu abundancia, ¡danos esperanza y amor!

FINAL

# SIMONA MIHUȚIU Y LAS SOLUCIONES A SUS DRAMAS. LA ESPERANZA SIEMPRE VIENE DEL AMOR Y LA FE

La literatura de ciencia ficción se ha abierto paso en las preferencias de los lectores como un género de anticipación de unas realidades consideradas inicialmente utópicas, pero que se han convertido en obsesiones y consideradas soluciones a diversas situaciones de necesidad, de crisis o simplemente de aspiración de la sociedad humana. Ocurrió en el siglo XIX, con la osadía de Julio Verne de recorrer las profundidades de los mares en un submarino, que más tarde se convirtió en el prototipo de los submarinos militares y luego de los yates de superlujo, pero este no fue su comienzo. La literatura de las mitologías antiguas, incluida la de la Biblia, ofrece numerosos relatos de viajes en el tiempo o entre mundos, con naves espaciales estupendas que sugieren la existencia de los mundos extraterrestres y de la tecnología de propulsión avanzada en el cosmos.

Pero el tema de los robots está señalado en la literatura dramática en 1920, en la obra de Karel Čapek titulada *R. U. R.*, un acrónimo de Rossumovi Univerzalul Roboti. Fue entonces cuando se impuso el término *robot*, cuya etimología es eslava y que significa incluso 'esclavo', un siervo de por vida sometido a trabajos forzados. Los trabajadores de Karel Čapek parecían humanos, pero se criaban en tanques.

Desde 1920 hasta hoy han pasado 100 años, y los robots de Čapek se han convertido en androides, dotados de la inteligencia artificial de la esencia del genio cognitivo humano, pero totalmente carentes de inteligencia emocional. Aún entonces, la gente temía ser sustituida por estas máquinas que podían hacer el trabajo más eficiente con mínimos esfuerzos y tiempo.

Mientras tanto, se han ido insinuando cada vez más en la vida humana, hasta hacerse indispensables en el día a día, verdaderos recursos de confort y entretenimiento. Pero la obsesión se agrava en el siglo XXI, ya que la industria robótica ha ganado un terreno peligroso y los androides adoptan características humanas cada vez más complejas, con el riesgo de que sea imposible identificarlos entre los humanos. La literatura de ciencia ficción de las últimas décadas y el cine están llenos de escenarios de este tipo que, por muy interesantes y atractivos siempre que se sepa que son pura ficción, resultan también inquietantes, preocupantes en cuanto a las perspectivas de la humanidad.

En esta obsesión se enmarca la obra de Simona Mihuţiu *La esperanza nunca sube en ascensor*, en tres actos y 21 escenas dispuestas uniformemente, 7 escenas en cada uno, un detalle que forma parte de la unidad compositiva, excelentemente inscrita en las tres reglas clásicas. La unidad de lugar: la habitación de la protagonista; la de tiempo: 24 horas; la unidad de acción: un solo hilo conductor. La obra muestra una verdadera vocación literaria, ya que la doctora ha practicado hasta ahora la prosa y la poesía, y aquí está en la larga lista de autores dramáticos de ciencia ficción.

Pero viene con una historia en la que el drama de una vejez degradante y solitaria se injerta en la abrumadora tendencia de la sociedad a involucrar a la inteligencia artificial en sus servicios, el cuidado y la atención sanitaria incluidos. Mia, una profesora octogenaria en estado de invalidez, tiene un carácter autoritario y caprichoso, en parte debido a su deformación profesional y en parte por ser consciente de que se encuentra en un estado degradante. Las cuidadoras la abandonan, incapaces de hacer frente a las agotadoras exigencias de la enferma, cada vez más egoísta y caprichosa. Tiene suerte con la limpiadora del portal que, viéndose obligada a completar sus ingresos para mantener a su familia, acepta sustituir temporalmente a la última cuidadora que se había ido de vacaciones. Pero esta decide no volver y Vetuța llama a los servicios sociales, que envían dos robots cuidadores.

Aquí se produce un cambio en la actitud de Mia, que considera inhumano dejarse cuidar por las dos criaturas de hierros y circuitos, y empieza a valorar los esfuerzos de Vetuța por garantizar su bienestar mental y físico, a pesar del ingrato trato al que la ha sometido la profesora.

Por otro lado, los dos robots, Rob Max y Rob Kai, también viven su propio drama, del que los humanos no son conscientes. Vistos como monstruos insensibles, incapaces de tener sentimientos y limitados a los automatismos con los que han sido programados, los dos robots atraviesan un profundo proceso de desarrollo personal, deslizándose, en muy poco tiempo, hacia la humanización. Curiosamente, cuanto más están con la hostil profesora, que los reta, los rechaza, los humilla, los robots sufren una contaminación humana, una espiritualización que nadie hubiera esperado, pero que, en el protocolo del Centro Robohelp, la empresa que los gestiona, pasa por una deficiencia técnica importante, tan grave que su sentencia ya está firmada: serán sacados de circulación.

La perspectiva les entristece, pero se reconforta uno en los brazos del otro, descubriendo que son de sexos diferentes y que la química funciona entre ellos, como entre los humanos. Al unirse en un beso que les da fuerzas para aceptar su destino, también experimentan la fe y la oración.

El final trae consigo un doble desenlace: la muerte feliz de la profesora, reconciliada por haber hablado con su hijo, emigrado hace mucho tiempo al hemisferio sur, sin saber que la voz del hijo era artificial, que la conversación no había sido auténtica, pero que había reconfortado mucho a la madre abandonada, insinuando la idea de los innegables beneficios del uso de la IA. Luego llega esa resolución en espíritu humano, a través del amor y de la oración de los dos robots, ellos también al borde de la muerte.

Momentos de delicias líricas, juegos con los múltiples significados de las palabras, entendidas solo en su sentido literal por los dos robots, situaciones cómicas surgidas justo del dramatismo de fondo, la ligereza y la naturalidad de los diálogos, la ciencia de la gradación, los giros de los acontecimientos, la sutileza de la observación psicológica utilizada en la construcción de los personajes y esta doble perspectiva sobre unos temas obsesivos hacen de esta obra de teatro un drama con verdaderas cualidades, y la autora se impone indiscutiblemente como un dramaturgo de vocación.

Valeria Bilț

# «LA ESPERANZA
# NUNCA SUBE EN ASCENSOR»

«No escribo sobre lo que es, sino sobre lo que podría ser» es la conclusión de un prosador y dramaturgo, de auténtica fuerza, muy querido para mí, Nicolae Suciu, respecto a su escritura. **Simona Mihuțiu** parece pensar lo mismo en su obra de teatro *La esperanza nunca sube en ascensor*, recientemente publicada (2023) por la editorial Vatra Veche. Ella también escribe sobre lo que podría ser. Es más, su historia saca la obra de teatro del estricto ámbito de la ciencia ficción imposible de realizar y la adentra en el área de una realidad posible y probable, en un futuro mucho más cercano de lo que imaginaríamos, de un futuro que ya está llamando a la puerta, casi quedándose sin tiempo antes de que ocurra…

La saga de Simona Mihuțiu es sencilla, pero llena de significados que suscitan preguntas y temores y, ¿por qué no?, también esperanzas, que el mundo sabrá cuándo y dónde detenerse. Es un mundo en la interfaz entre lo real y lo virtual, entre lo humano y la tecnología, esta última diseñada según la imagen y semejanza de lo humano. ¿Lo es?

Una mujer octogenaria (Mia), cuidada en casa por Vetuța y por turnos, por otras dos personas, ya no encuentran la manera de llevarse bien, debido a los caprichos y hábitos de la primera, naturales, diría yo, en contraste con el pragmatismo y las obligaciones de cuidadora, nada fáciles, de la segunda. En su conversación, Vetuṭa sugiere utilizar robots especializados en esas tareas para que la sustituyan, aunque la idea es controvertida desde el principio:

MIA.—*¿Cómo puedo hablar con un robot?*

VETUṬA:.—*Mírelo por el lado bueno. Puede gritarles, puede insultarles todo lo que quiera, que no se enfadan, no tienen alma.*

Al no tener otra solución, le envían dos robots (Rob Max y Rob Kai) del Centro Robohelp, que desde el principio se presentan y repite cada uno la misma *lección* aprendida:

> *¡Buenos días! Soy Rob Kai 01, de la empresa Robohelp, cuidado de ancianos. Nuestra empresa ofrece atención integral de alta tecnología para ancianos, enfermos o discapacitados. Respondemos con prontitud a todos los requerimientos y necesidades.*

La interacción entre la mujer octogenaria y los robots cuidadores no comienza y no se desarrolla bajo los mejores auspicios, debido a la exasperación a la que llega el ser humano a causa del pensamiento estrictamente pragmático, que tiene en cuenta análisis químicos, físicos, estadísticos, al fin y al cabo, en la toma de decisiones, y menos de las necesidades humanas y del alma de la persona cuidada. «Son graciosos y, no sé cómo, pero nos pueden ver por dentro». Y *ven* los parámetros que no están en los parámetros, sacando conclusiones y pensando soluciones, incluso actuando *robóticamente*, en consecuencia. La vida de la protagonista se ve trastocada por los robots, por sus criterios estrictos, carentes de empatía y de necesidades humanas que solo otros seres humanos habrían podido entender. El minuto de lectura, el minuto de música, el minuto de sueño son programas que no pueden plegarse con éxito a la imprevisibilidad humana, como estado, como gana, como disponibilidad. La comunicación es difícil también porque los robots no entienden palabras ni expresiones, y cuando las buscan en su base de datos, las encuentran sin entender realmente su significado:

MIA.—*¡Déjenlo ya!... ¿Estáis locos? ¿Qué estáis haciendo? Nos dijo que lo dejáramos... ¿Qué pasa si me muero?*

ROB MAX.—*Buscamos el artículo «morir». Ya lo tengo. Aquí está. «La vida y la muerte son la misma cosa».*

Las diferencias se ven, se sienten, incluso se comentan entre la protagonista y los robots, a cada paso, por supuesto, a menudo con exasperación por parte de los humanos.

MIA.—*Nosotros, los humanos, somos diferentes, no hay dos iguales. Y eso es porque cada uno tenemos cosas buenas y malas. ¡Nosotros solo tenemos cosas buenas!*

El diálogo alucinante, como entre protagonistas de mundos diferentes, comienza a *suavizarse* a medida que los robots aprenden expresiones y palabras de la octogenaria a la que cuidan, tratando de explicarse una serie de artículos, tanto de dentro como de fuera de su base de datos. ¿Qué significa «me muero», «alma», «rezar», «Padre nuestro, que estás en el cielo», «Señor», «felicidad», «libertad», «empatía», «amor», etc.? A este paso, los robots acaban haciendo preguntas que se salen del ámbito estricto de su software. «Señora Mia, me queda una duda: ¿a usted quién la inventó?». Es más, poco a poco, los robots cuidadores van adoptando características humanas, actuando en consecuencia. «Tengo miedo, Kai. Yo también, Max. No nos enseñaron a bromear. Ni a asustarnos». Cuando Mia quiere desesperadamente que Vetuţa, su cuidadora humana, vuelva, los robots encuentran la solución para traerla *de vuelta*, pero de una forma diferente. «*¿Qué habéis hecho con* Vetuța? La introduje en el metaverso. Desde allí podemos traerla en cualquier momento que desee. Dios mío, creí que era real...».

Con el tiempo, los robots empiezan a llorar, a sentir, a mentir e incluso a enamorarse uno del otro, señal de que «nos hemos dañado», como dice uno de ellos, a la espera de ser sustituidos por otros robots de generaciones más avanzadas, a causa de la señal ininterrumpida con el centro, donde se han enterado de lo que ocurre. Es más, los robots también piensan apocalípticamente, para sí mismos: «Cuando los robots de la empresa sean sustituidos por humanos, perderán su prestigio». Y, sin embargo, para salvarse de la sustitución, que significa su muerte, piensan en huir o incluso en otra cosa: «Podemos hacer una copia de seguridad de la información solo para nosotros y crear nuestra propia memoria. Tal vez podríamos usarla a nuestro favor para sobrevivir».

El final de la obra no es solo humano, sino también estrictamente espiritualizado, que es, al fin y al cabo, la guinda del pastel de la evolución humana. Junto a Mia, que muere por causas naturales:

Rob Max *(se arrodilla junto a ella).—¡Que Dios nos ayude!*

Rob Max *y* Rob Kai.—*Señor, ¡perdona nuestros errores, porque no sabemos lo que hacemos! Señor, ¡protege este mundo del mal! De tu abundancia, ¡danos esperanza y amor!*

¡La obra de teatro es realmente impresionante! Tiene muchas más preguntas que respuestas. De hecho, ¡en esto residen su belleza y su fuerza!

Răzvan Ducan

# ¡¿HACIA LA ROBOTIZACIÓN?!

Simona Mihuțiu nos sorprende con una nueva aparición editorial, pero esta vez se trata de una obra de teatro con un nombre intrigante: *La esperanza nunca sube en ascensor*. La obra contiene temas más oscuros, como la enfermedad y la muerte, y transmite todas las emociones de la protagonista, ya que se centra en unos momentos verídicos de la vida del personaje central, Mia. El principio de la verosimilitud, formulado por Aristóteles y retomado por Horacio, sigue siendo esencial para el arte del teatro a lo largo de todos los tiempos. Simona Mihuțiu tampoco se desvía de este principio, va *a la caza de la verosimilitud*, presentando el escenario, los personajes (poco numerosos) y el conflicto dramático con tanto sentimiento y naturalidad como si todo sucediera realmente, como en un verdadero espejo de la vida humana.

Como narradora de tipo realista, la autora refleja fielmente la realidad, con personajes como en la vida misma, bien estructurados psicológicamente y situados en relaciones verídicas con su entorno y la sociedad. El tema es absolutamente verosímil y el objetivo es descubrir las causas subyacentes que determinan el carácter de los personajes e, implícitamente, sus pensamientos, su lenguaje y sus acciones. El desarrollo de la acción está impulsado por el carácter de los personajes, por sus motivaciones psicológicas profundas, por la fuerza motriz objetiva de los hechos. Todo resulta así representativo, típico, emblema de la vida contemporánea, un reflejo especular de la realidad, porque este teatro realista es el de la mímesis, de estudio y de representación de la realidad por más plana, poco interesante o cruel que parezca.

La documentación para el escenario, pero también para los personajes (humanos o robots), es muy rigurosa. Así, pues, se presenta el escenario: «En un estudio. En su habitación están la cama en la que pasa la mayor parte del tiempo, prevista con la posibilidad de levantar la parte superior, una mesilla de noche en la que siempre tiene la medicación, un vaso de agua, dos fotografías, una de su hijo y otra de su difunto marido. Una mesita, tres sillones, una silla, una estantería y un mueble con un televisor y un reproductor de CD completan la decoración. La cocina es común, pequeña, con muebles viejos. El cuarto de baño está en un lateral».

Si en el género épico el autor se oculta tras el narrador, en el lírico tras el yo poético, en el género dramático el autor se expresa a través de los personajes. Y la protagonista es Mia, una antigua profesora, viuda, con un hijo afincado en Australia. Esta «se acerca a la octava década de la vida. Sus movimientos son limitados, no puede desplazarse sin ayuda. Vive modestamente» En su momento de desamparo, Mia no puede contar con el apoyo de nadie, ni siquiera con el de su hijo, que ni siquiera se molesta en llamarla, como lo comenta Vetuța, una mujer pagada por cuidarla:

Mia.—*¿Pero yo le importo a alguien? ¿Le importa que esté temblando de miedo de que me quede desatendida, que me dejen pudrirme como un perro?*

Vetuța.—*Nos importa, de todos modos, más que a su hijo en Australia, que ni siquiera se molesta en llamarla de vez en cuando.*

Este temblor de miedo refleja todos los temores y dramas de un personaje aún lúcido, cerca de la muerte. Sin embargo, como una madre atenta y cariñosa, excusa a su hijo indolente, achacando a un matrimonio equivocado:

MIA.—*Él solo tiene la culpa de casarse mal.*

VETUȚA.—*Sí, sí, una víctima, ¿qué puedo decir? ¡Pobrecito!*

Respuesta que contiene dos palabras (*víctima, pobrecito*) utilizadas precisamente en sentido contrario, irónicamente, por la incrédula empleada.

Las palabras que componen el discurso dramático, su contenido de ideas y emocional, sus valores en la comunicación se distinguen en cierto modo de las mismas palabras que utilizamos todos los días, a través de las estructuras de la composición, de la escritura dramática. Comprender un texto dramático significa no solo entender el texto como tal, sino también el contexto social, el contexto cognitivo, los patrones cognitivos; ver hasta qué punto estos se funden. Comprender el texto dramático significa además construir y/o reconstruir los mundos cognitivos de los personajes, respectivamente de la autora, se logra a través del modelo cultural sociocognitivo del lector, cada lector teniendo sus propias hipótesis, expectativas, interpretaciones en la recepción del texto. En muchos aspectos, el diálogo, en el que se encuentran los personajes de este texto dramático, es similar al que se produce de forma natural en las conversaciones usuales:

VETUȚA.—*¡Hola! Sí... ¿Cómo?, ¿ya no vienes? Pero yo no puedo cubrir tanto tu horario como el de Tanța. ¡Esto me supera! Habíamos quedado que todas trabajemos más hasta que encontremos a alguien. Es difícil encontrar una persona, ¡imagínate dos! Sabina, ¡no podemos dejar a la señora así!*

MIA.—*Dios mío, ¿qué voy a hacer? No quiero ir a una residencia. ¡No me dejes, Dios!*

VETUȚA (*continúa la conversación telefónica*).—*Sí, yo también he oído hablar de esta empresa. Me lo apunto, sí. Voy a ver si la señora aceptará. Personalmente, yo no confío en algo así... Bueno, ¿qué puedo decir?*

MIA.—*¡Lo he oído! ¡No voy a una residencia, que lo sepas!*

VETUȚA.—*Señora Mia, no se encuentra plaza tan rápido, en un santiamén. Hay una lista de espera hasta que alguien se vaya.*

Parece que el deseo de Mia es escuchado por Dios, ya que no se plantea la cuestión de llevarla a una residencia, sino que se habla «de una empresa Robohelp, que asegura el cuidado de ancianos a domicilio. Cuidado robotizado [...] que cubre todos los requerimientos y necesidades de los ancianos, con un alto nivel tecnológico».

El texto dramático tiene elementos cercanos a la prosa porque incluye también una narración/conflicto dramático junto con los personajes y el diálogo/monólogo. Y este está estructurado de la siguiente manera: **la exposición** presenta a los personajes (Mia y Vetuța), el lugar (el estudio de Mia) y el tiempo (el tiempo real se vuelve unidireccional: fluye del presente hacia al futuro), el tiempo y el espacio teniendo también un valor simbólico; **la trama** parte de un hecho aparentemente pequeño, pero con consecuencias muy grandes: Vetuța se entera por Sabina, otra de las cuidadoras de la paciente, que también renuncia alegando que «no sabía que tenía que levantar a la enferma, que, si lo hubiera sabido, no habría aceptado el trabajo», ofreciendo una recomendación de la empresa Robohelp, lo que aumenta la ansiedad de la paciente, que rompe a llorar; **el desarrollo de la trama** presenta una serie de giros de los acontecimientos en la vida de la paciente, que involuntariamente entra al cuidado de los dos robots, Rob Kai y Rob Max, cuya imagen está descrita por la autora en las instrucciones escénicas de la primera parte, escena 3: «Su aspecto exterior, sus movimientos estereotipados, rígidos y su tono plano, sus frases a veces fragmentadas sugieren claramente que se trata de dos robots humanoides. En la parte delantera, en el pecho, tienen una pantalla que de vez en cuando se ilumina».

Rob Kai le hace un chequeo médico a Mia y descubre: «Pulso: 120 latidos por minuto. Taquicardia sinusal. Presión sanguínea: 120/80. Índice de masa corporal: 18. Sarcopenia. Escoliosis. Dificultad para caminar. Osteoporosis. Poliartrosis». Estos le toman «muestras de laboratorio» a la fuerza, argumentando que la paciente ya había firmado que estaba «de acuerdo con los términos y condiciones de GDPR 07 y FUTROB 05». A continuación le proporcionan el minuto de lectura a las 17:30 horas, así como de audición musical; a las 19:00 horas le preparan la cena, según las necesidades de su cuerpo, detectadas por ellos: «Necesidades calóricas: 800. Calculando las necesidades de proteínas. Bien… Calculamos el requerimiento de lípidos. Eso es… Calculamos sus necesidades de carbohidratos. Bien… Calculamos sus necesidades de sales minerales y vitaminas. Así… Ya está. Preparamos el cuenco. Removemos». A las 21 horas se le asegura la hora de sueño y a la mañana siguiente, a las 9 horas, se le da la señal: «¡Despierte!»; luego el baño, el desayuno a las 9:30 horas y la comida a las 12:00 horas. La protagonista habla con estos robots sobre el significado de unas palabras que confunden a ambos: *cabrona, morir, alma, creador, el de arriba, rezar, Señor, lágrimas, felicidad, déjalo, orgulloso, amor, Señor*; la interpretación de los robots provoca cada vez una sonrisa en el lector:

ROB KAI.—*Señora Mia, me queda una duda: ¿a usted quién la inventó?*

MIA.—*Nosotros, los humanos, somos creados por el de arriba. Él nos trajo a la tierra, a Él volvemos. Estamos a su merced.*

ROB KAI.—*Busca el artículo «el de arriba». Error. Busca el artículo «misericordia». Así. Ya está. No he encontrado quién es el de arriba, ¡pero parece que tiene que caminar un poco hasta Él! 5280 pies, es decir, 1609 kilómetros.*

**El punto culminante** es el momento cuando la protagonista se da cuenta de que su hijo no la llamará por teléfono para preguntarle cómo está o cómo le va, por lo que le pide el teléfono a Rob Kai para que hable virtualmente con su hijo:

MIA.—*Quiero hablar con mi hijo. Está en Australia, ¿sabes?* [...] *Hace mucho que no me habla... Pero me gustaría volver a verlo... Podrías... traérmelo... de vuestro metaverso o de Avatar. ¿Realmente podríais hacerlo?*

Aunque esté consciente de que no estaba hablando con su hijo, sino solo con la simulación creada a través de un programa por Rob Max, la mujer expresa directamente sus sentimientos de amor maternal, pero también su perplejidad ante el comportamiento desagradecido de su hijo, que abandonó a su madre cuando más ayuda necesitaba: MIA (*llora*).—*¡Al menos habrías podido hacer una llamada para ver cómo está tu pobre madre! ¿Qué te he hecho tan mal que ni siquiera piensas en mí? Te crié, te eduqué... Bueno, tal vez ahí es donde me equivoqué... Pero te quise más que a nada en el mundo. Llevo tanto tiempo esperando una llamada... Llegué a estar tan sola en el mundo, me cuidan unos malditos robots... ¡Dios mío!*

El dolor y las lágrimas de Mia parecen provocar una reacción en el comportamiento de Rob Max, que, sin que se le pida una vez más, deja a la protagonista creer que es su hijo quien vuelve a llamarla por teléfono, esta vez de verdad. El comportamiento y el lenguaje de la madre cambian por completo ahora, quiere protegerle de las preocupaciones, declarando algo diferente de lo que mostraba la realidad:

MIA.—*¡Mi tesoro! ¿Qué tal estás? ¡Echaba tanto de menos oírte! ¿Estás bien?* [...] *Estoy bien. Sí, estoy bien. Hay unos robots que me cuidan, midiéndome la tensión, el pulso... ¡Qué gran* *invento! ¡Qué progresos ha hecho la humanidad! De vez en cuando me molestan un poco los huesos. Eh, tampoco tengo 20 años, pero por lo demás estoy muy bien. ¡Cuídate mucho, cariño! Me encantaría verte en persona. Podría morir en paz...* (pág. 82).

Rob Kai se da cuenta del cambio y se lo dice:

*¡Qué bien se le ve ahora, señora Mia! ¡Se la ve más joven!*

MIA.—*¡Ni siquiera te das cuenta de lo feliz que puedo llegar a ser! Dejadme sola un rato, ¡que saboree esta felicidad!*

El conflicto se resuelve y **el desenlace** nos muestra a la señora Mia muerta:

ROB KAI.—*¡Dios mío! Pulso: 0, presión sanguínea: 0; en el electrocardiograma, ¡una línea! Saturación... ¡Oh! ¡Está muerta! Max, ¡está muerta!* (pág. 86).

La imagen del ser humano que ofrece el teatro de Simona Mihuṭiu es trágica, una visión despreciativa de un ser que se arrastra miserablemente:

MIA.—*¡Ay, ay! ¡No puedo soportarlo más! ¿Por qué me has maldecido así, Dios? ¿Qué he hecho mal? Nunca he hecho daño a nadie, jamás. ¿Por qué me dejas yacer en la impotencia? ¡Será mejor que me lleves! ¡No puedo soportarlo más! ¡Ya no quiero vivir así!*

O que la tierra se traga después de la muerte.

El deterioro físico de Mia no va acompañado también de la decadencia espiritual, por lo que, consciente de su precario estado, su sufrimiento aumenta exponencialmente. La visión de la autora sobre la condición humana es desoladora, oscura; el ser lastimado y discapacitado no tiene ninguna oportunidad en una sociedad basada en ganar en la lucha por la supervivencia, ya que el dinero se convierte en el motor que empuja la sociedad actual hacia delante. Con la muerte de Mia se extingue un mundo, muere otra forma de vida, con otros valores, con otras costumbres... Esta visión pesimista, escéptica, abarca una inmensa compasión por el ser humano sometido a la irremediable e inexorable degradación inscrita en su propia condición, y el espejo que la pesimista pero lúcida autora nos muestra nos invita a meditar, a rechazar las ilusiones, a mirar con lucidez nuestra condición.

Esta obra de teatro, que denuncia la condición humana sometida a la decrepitud y al paso a la eternidad, pretende ser también una ingeniosa combinación de cómico y trágico, siendo Simona Mihuțiu capaz de ofrecer una imagen de la esperanza en un mundo sobre el que parece haber pasado un soplo de la destrucción final: es un mundo *al revés*, la gente se vuelve indiferente a los dramas de los demás, se comporta como los robots a los que caracteriza de insensibles:

VETUȚA.—*Mírelo por el lado bueno. Puede gritarles, puede insultarlos todo lo que quiera, que no se enfadan, no tienen alma. No se cansan y no tienen hijos esperándoles en casa.*

MIA.—*Dices tonterías, ¿cómo van a cuidar de alguien, si no tienen alma?*

VETUȚA.—*Bueno, ¿pero las personas siempre la tienen?*

MIA.—*Pero no tienen conciencia. Entonces, ¿cómo pueden saber lo que está bien y lo que está mal?*

VETUȚA.—*Eh, hacen lo que les han enseñado a hacer.*

A su vez, tras hablar con Mia, los dos robots admiten haber aprendido cosas nuevas:

ROB MAX.—*Es raro que hayamos aprendido tanto de la señora Mia, ¿no crees?*

ROB KAI.—*¡Es un personaje!*

Y estas cosas nuevas que modifican radicalmente su comportamiento hacia las personas, hacia el sufrimiento humano, haciéndolos empáticos, pueden provocar su fin:

ROB MAX.—*Ahora nuestro futuro es muy sombrío. A ti te llevarán los del departamento Averías; a mí me pasará lo mismo tras la vuelta de la señora Vetuța...*

ROB KAI.—*¡Sé positivo! Te enviarán a otra señora Mia para cuidar de ella...*

ROB MAX.—*No será así y lo sabes tú también. Cuando los robots de la empresa sean sustituidos por humanos, perderán su prestigio.*

ROB KAI.—*Y el beneficio.*

ROB MAX.—*Exactamente. El departamento Averías me espera a mí también.*

ROB KAI.—*Habrías podido evitar esto. Tú fuiste quien le trajo el teléfono para que llame a Vetuța. Habrías podido cortar la conexión o interferir la señal para que no se entendiera nada. Nos enseñaron a hacer eso. Pero tú tomaste también esta decisión. Es como si quisiste llevar la contraria.* (págs. 83).

Y «la esperanza» del título de la obra parece venir no de los humanos, que se comportan como los robots, fríos, insensibles, desprovistos de cualquier tipo de sentimientos, sino de los robots, que aprenden a comportarse como personas de carácter, comprensivas, curiosas, capaces de empatía hasta el sacrificio por los demás, de amor, de fe en la divinidad… El final de la obra contiene unas frases de los robots que ilustran o conducen a lo que sugiere el título:

ROB MAX.—*¿Qué haces ahí de rodillas?*

ROB KAI.—*Le pido al Señor que nos perdone… Le pido que nos guíe, que nos muestre el camino… Y que nos dé esperanza.*

ROB MAX.—*¿Quién es «el Señor»? ¿Lo has descubierto?*

ROB KAI.—*No lo sé, Max. Pero vi que cuando rezaba la señora Mia tenía la cara más radiante, tenía así un aura… No sé cómo explicarlo, estaba más tranquila y con más paz interior. […] ¡Y yo, ya sabes, desde que tomé esta pequeña cruz en mi mano, entiendo mejor lo que significa tener esperanza!*

ROB MAX *(se arrodilla junto a ella).*—*¡Que Dios nos ayude!*

ROB MAX *y* ROB KAI.—*Señor, ¡perdona nuestros errores, porque no sabemos lo que hacemos! Señor, ¡protege este mundo del mal! De tu abundancia, ¡danos esperanza y amor!*

En cuanto a la composición de esta obra de teatro, la autora la ha dividido en tres partes, cada una con el mismo número de siete escenas. Este drama, que conforma un fuerte conflicto, entrelaza los elementos graves con los cómicos y describe la vida en toda su complejidad y diversidad, se distingue por los trágicos acontecimientos y situaciones que la caracterizan, siendo el carácter de los personajes analizado en profundidad.

Doina Bălţat

# ÍNDICE